하모나이저

하모나이저

조석 지음

조화는 어떻게
조직의 문화를 변화시키는가

메디치

사랑을 담아

이 땅의 모든 휴머니스트에게

그리고

지혜와 굳셈을 청하는 모든 이에게

프롤로그

미운 오리가 천상의 백조가 되기까지   13

1장   새로운 리더십, 실시간 연동형 내비게이션

리더의 생각은 곧 경영 철학   26
새로운 시대정신과 리더십   27
경영, 조화와 균형이 필요한 예술   29
집단지성은 조직원의 역량 강화로부터   30
지금은 실시간 연동형 내비게이션 리더십의 시대   33
리더의 소통 능력   36
회사는 당신의 신호를 기다리고 있다   40
말하지 않아도 알 수 있는 것들   43
사랑, 리더십의 밑바탕   45
어제와 같은 오늘을 사는 것은 죽은 것이다   47
백성은 배를 띄울 수도 있고 엎을 수도 있다   51

멀리 보고 밝게 살피다 52
간절함, 공감, 지식, 그리고 상상력 56

2장 하모나이저의 힘, 심리적 안정감

기업은 왜, 무엇을 위해 존재하는가 64
이윤 추구는 필요조건일 뿐 65
모든 이해관계자의 행복과 이익 극대화 67
좋은 조직 문화, 그 자체가 회사의 목적 69
양보할 수 없는 가치, 품질 71
'무엇인가를 하는 사람'이 만드는 역사 74
심리적 안정감이 중요한 이유 79
실패를 드러낼 수 있는 조직 82
다름을 인정하는 문화 85
공감과 신뢰, 조직의 접착제 89
세월이 흘러도 절대 변하지 않는 가치 92
세상을 놀라게 하라 95
혁신과 팀워크 96

회사는 단순한 생계의 수단이 아니다	98
집단지성의 힘을 믿는 유연함	100
담대한 마음으로 힘 빼고 함께 가기	102
지속 가능한 100년 기업의 꿈	105

3장 하모나이저의 다섯 가지 실행 엔진,
: 균형, 관용, 실천, 창의, 그리고 신뢰

첫 번째 실행 엔진
— 균형, 전략적 포기와 집중 112
선택보다 어려운 포기 113
담대한 집중이 퍼스트 무버를 만든다 117

두 번째 실행 엔진
— 관용, 갈등이 곧 성장동력 120
갈등을 연결의 힘으로 121
하모니를 이끄는 보이지 않는 힘 126
위기 대응 능력, 다양성에서 시작 130
다양성, 혁신과 통합을 이끄는 자산 134

세 번째 실행 엔진
— 실천, 움직이는 조직이 강하다 138

실천은 전략보다 무겁다 139

현장에 답이 있다 143

도전을 두려워하지 말고 연대하여 응전하라 146

네 번째 실행 엔진
— 창의, 조직은 상상할 때 성장한다 150

설거지하는 사람만이 그릇을 깬다 152

상상력은 자유로운 영혼에만 깃든다 154

다섯 번째 실행 엔진
— 신뢰, 우리의 마음 정원 157

행복에 대한 공유와 공감 158

좋은 마음이 좋은 결과를 불러온다 160

선한 마음이 조직 문화가 될 때 163

4장　하모나이저, 목적으로서의 조직 문화

조직의 체질 개선, DNA 프로그램	170
일반 직원에게도 공개한 경영진 회의	177
MZ세대가 멘토가 되는 '역 멘토링' 프로그램	181
출근길에 만나는 '석다방'	186
'사장으로부터의 편지'를 쓰다	190
모두의 축제, 'HE 컨퍼런스 데이'	193
사람 중심의 피플앤컬처팀	196
하모나이저 조직 문화, 무엇이 다른가	198

5장　통주저음

경영과 '협력의 역설'	204
우주의 질서, 코스모스	207
사라진 언어, '경쟁력'	211
경제는 끊임없는 마라톤	214

겸손과 관용, 그리고 사랑	218
길과 문	221
거룩한 습관	225
세대 동행을 꿈꾸며	229
모자라지 않기와 아껴 쓰기	233
차관과 CEO의 역할	236
일모도원, 날은 저물고 갈 길은 멀다	241
산업정책 2.0	243
'에너지 전환'과 '에너지 안보'의 병행	247
담대한 에너지 정책	252
피할 수 없는 대세, ESG 경영	257
제2차 전기 전쟁과 새로운 먹거리 창출	262
환경과 함께 살아가기	265

에필로그	271
특별 부록: 2025년 경주 APEC CEO 서밋 기조 연설문	277

프롤로그

미운 오리가 천상의 백조가 되기까지

30년이 넘게 공무원 생활을 하면서 기업의 경영인이 될 것이라는 꿈을 꾸진 않았다. 2019년 12월, 내 인생 처음으로 민간 기업의 CEO 자리를 제안받았을 때, 괜히 적자 기업을 떠맡았다가 불명예만 안고 끝나는 것은 아닐까, 걱정도 없지 않았다.

당시 2년 연속 매년 1,000억 원이 넘는 적자를 내고 있던 HD현대일렉트릭 또한 처음으로 외부에서 대표이사를 영입하는 모험적인 실험을 시도한 것이었다. 내가 맡기로 한 HD현대일렉트릭은 당시만 해도 말 그대로 '미운 오리 새끼'였다.

공직에 머물며 산업과 에너지 정책을 다뤘고, 한국수력원자력(한수원) 사장과 세계원전사업자협회(WANO)의 회장을 역임한 바 있지만, 이러한 공적 영역의 경험과 민간 기업의 경영은 여러 가지로 다를 터이기에 쉽게 결정할 수 있는 도전은 아니었다.

  하지만 나의 새로운 도전은 꽤 성공적이었다. 부임 첫해인 2020년에 흑자 전환으로 돌아섰으며, 그 이후 지속적으로 성장하면서 흑자 경영을 이어갔다. 그 결과 2024년에는 매출 3조 3,000억 원, 영업이익 6,690억 원에 이르는 성과를 거두웠다. 5년의 재임 기간 동안 말 그대로 미운 오리 새끼였던 회사는 화려한 백조로 변모한 것이다.

회사 안팎에서는 "공무원 출신 사장이 다 죽어가던 회사를 살렸다"라는 말이 돌았다. 만나는 사람마다 내게 물었다. 어떻게 그렇게 성공할 수 있었느냐고. 아마도 공기업에서 민간 기업으로 옮겨간 사람은 많지만, 어려운 상황의 기업을 맡아 눈에 띄는 성과를 낸 사례가 많지 않았기 때문에 특별하게 여기는 듯했다. 사람들은 개인의 특출함보다는 성공으로 가는 어떤 보편적인 프로세스가 있는지를 더 궁금해했다.

  돌이켜 보면 역시 사람이 전부였다. 나는 부임과 동시에 조직의 체질을 바꾸어 나가기 시작했고 일하는 방식을 혁신적으로 개선해 나갔다. 우리의 혁신은 세계적 기업의 수준을 따라잡을 때까지 멈추지 않는다는 점을 지속적으로 강조했다. 직원들의 눈빛이 달라졌고, 판단의 기준은 높아졌다. 공장과 영업 부서 간의 소통이 원활해지면서 모두가 각자의 역할에 책임을 다하는 모습으로 변화했다.

회사 실적이 개선되면서 우리에게 자신감이 생길 무렵, 시장 상황도 좋아지기 시작했다. 마치 운동선수가 꾸준한 훈련 끝에 최상의 몸 상태를 만든 바로 그때 올림픽이 열리는 상황에 비유할 만했다. 전력 수요가 급증하면서 미국을 중심으로 초고압 변압기의 수요가 폭발적으로 늘어났고, 회사는 순풍을 등에 업고 달리기 시작했다. 우리는 새로운 시장 환경에 최적화된 회사였다. 주식 시장의 반응도 뜨거워서 2024년 코스피 상장 기업 중 주가 상승 폭이 가장 큰 회사로 꼽히는 영예를 얻었다.

내가 경영자로 있던 지난 5년 동안 우리에게 어떤 일이 일어났었는지를 정리해 보고 싶었다. 미운 오리에서 백조로 변하는 과정을 있는 그대로 기록하여 남기면 누군가에게 도움이 될 것이라 생각했다. 하지만 내가 쓴 글이 과연 독자들에게 진실한 마음 그대로 전달될 수 있을까? 자칫 실적을 자랑하는 것처럼 비치지는 않을까? 이러한 두려움이 앞서서 집필을 망설일 수밖에 없었다. 이때 메디치미디어 김현종 대표가 충분히 들을 가치가 있는 이야기라며 내게 용기를 북돋워 주었다. 이 책이 세상에 나오게 된 것은 바로 그 응원 덕분이다.

책을 써야 한다는 숙제를 받고 나서 경영에 대해 다시 생각해 보았다. 경영인은 이익을 추구하는 능력과 조직을 관리하는 능력, 두 가지를 모두 갖추어야 한다고 생각한다. 이 둘은 동전의 양면처럼 함께 다니지만 나에게는 조직 관리자라는 자리매김이 더 잘 맞는다고 본다. 나는 동료들과 함께 무언가를 이루어 내는 일 자체를 좋아하는 사람이다.

이 책은 그런 유형의 사람이 경영자로 일하면서 위기 상황에 있던 회사를 어떻게 회복시켰는지에 대한 혁신의 여정을 담고 있다. '어떻게' 성공했는가, 라는 질문의 답이 특수한 사례로 남지 않고 누구라도 활용할 수 있는 노하우가 되려면 어떤 보편성이 담겨야 할까? 끊임없이 자신에게 묻고 고민했다.

> 리더란 무엇이며, 21세기에 필요한 리더십은 무엇인가?
> 기업은 무엇을 하는 곳인가?
> 성공하는 기업이란 무엇인가?
> 기업의 존재 이유는 무엇인가?

이 모든 질문과 고민의 끝에 나온 답이 바로 이 책의 제목인 '하모나이저(Harmonizer)'다. '하모나이저'를 거창하게 나만의 독특한 경영 철학이라 이름 붙이는 것이 쑥스럽지만, 지금까지 내가 생각해 온 기업관, 리더십을 응축한 말로는 손색이 없다.

'하모나이저'란 무엇을 말하는가.

이 단어를 검색하면 음악 용어로 다음과 같은 설명이 나온다. "음향 신호의 음높이를 변화시켜 화음을 만들어 내는 장치 또는 기술." 이를 사람과의 관계에 투영하면 **'조화(하모니)와 합의를 이끌어 내는 사람이나 조직'**이라 말할 수 있다. 나 역시 조화로운 조직 문화를 만들기 위해 끊임없이 조율해 왔기에 '하모나이저 경영'을 지향하는 '하모나이저 리더'라고 말할 수 있다.

  이 책에서 나는 내가 생각하는 리더와 리더십, 그리고 조직 문화 이야기를 전하려 한다. 이를 통해 독자들은 '하모나이저'가 조직 운영의 기본 원리라는 것을 자연스레 알게 될 것이다. 서로의 소리와 리듬을 존중하며 하나의 공동체로 나아가는 '하모니의 힘', 그것이야말로 지속 가능한 조직을 설계할 때 가장 기초가 되는 철학적 엔진이라고 말하고 싶다.

  하모나이저는 일방적 전달이 아닌 쌍방의 소통을 중요시한다. '고장난명(孤掌難鳴)'이라는 말처럼, 큰일은 혼자서 이룰 수 없으며 여러 사람의 조화와 협력이 필요하다. 조화와 협력, 다시 말해 하모나이저는 단순한 선언이 아니라 실천이다. 조화를 이루고자 하는 나의 노력과 경험이 어떻게 현실 속에서 발현되었는지, 이 책은 그 구체적인 그 본보기를 제공한다. 앞으로의 새로운 리더들이 이 여정을 추체험(追體驗)하며, 자신만의 새로운 하모나이저 모형을 만들고 시도해 보기를 바란다.

이 책은 총 5장으로 구성되어 있다. 1장에서는 오늘날 우리에게 필요한 리더십과 내가 지향하는 리더십에 대해 '실시간 연동형 내비게이션'이라는 비유를 통해 풀어낸다.

2장에서는 하모나이저 경영의 힘은 곧 조직원의 심리적 안정감으로부터 나온다는 이야기를 전하려 한다. 이를 위해 기업의 존재 이유와 목적에 대한 나름의 성찰을 기반으로, 하모나이저의 힘으로 이끄는 조직의 특징을 들려준다.

3장에서는 하모나이저의 다섯 가지 실행 엔진인 균형, 관용, 실천, 창의, 그리고 신뢰에 대하여 설명한다. 이 다섯 가지 실행 엔진을 통해 하모나이저의 운영 원리가 무엇이며, 어떻게 하모나이저로 성장할 수 있는지, 그 핵심 내용을 파악할 수 있을 것이다.

4장에서는 HD현대일렉트릭에서 실행한 조직 문화 개선 활동의 구체적인 사례를 소개한다. HD현대일렉트릭의 조직 문화 개선 활동은 경영의 수단이 아니라 그 자체가 목적이 되기 위한 노력의 과정이었다. 이 장에서 열거되는 사례는 각 기업의 여건에 따라 변형될 수 있겠지만 '목적으로서의 조직 문화'의 정신은 이어지기를 바란다.

5장에서는 나의 경영 철학이 무엇인지 알 수 있는 글들을 몇 편 실었다. 여기 실린 글들은 그동안 언론에 기고한 내용을 바탕으로 새롭게 수정, 보완한 것이다. 5장의 제목인 '통주저음(通奏低音, Basso continuo)'은 바로크 시대 음악의 특징으로, 쉼 없이 계속해서 연주하는 베이스음을 의미한다. 하모나이저의 저변에 유유히 흐르는 나의 경영 철학과 산업·에너지 정책에 대한 생각을 이 장을 통해 확인할 수 있다.

2025년 10월 말 경주에서 열린 APEC CEO 서밋(summit)에서 나는 '지속 가능한 미래를 위한 탄소 중립과 에너지 안보'라는 주제로 기조 연설을 했다. 독자들 또한 탄소 중립과 에너지 안보에 관심을 지속적으로 가질 수 있기 바라는 마음으로 이 내용을 부록으로 실었다. 일독을 권한다.

나는 이 책을 읽는 모든 독자가 궁극적으로 하모나이저로 변화하기를 바란다. 지난 5년 동안 나와 함께 조화로운 혁신의 여정을 함께 해 준 HD현대일렉트릭 2,200여 명의 임직원 모두에게 사랑을 담아 고마운 마음을 전한다. 여러분의 열정과 헌신이 있었기에 하모나이저 경영도 가능했고, 회사 또한 놀랄 만한 성과를 이룰 수 있었음을 언제까지나 가슴 깊이 간직하겠다고 약속드린다.

여러 형태로 산재해 있던 글들을 모아 하모나이저라는 일관된 메시지로 엮는 데 노력을 아끼지 않은 메디치미디어의 최세정 편집장, 그리고 글쓰기 과정에서 조언을 아끼지 않고 생각이 막힐 때마다 영감을 함께 한 구무숙, 박세윤 님께도 깊은 감사의 말씀을 전한다.

2025년 11월
분당 HD현대 글로벌 리서치 센터 20층에서

1장

새로운 리더십,
실시간 연동형 내비게이션

만주 벌판을 호령하던 광개토대왕과 평양으로 수도를 옮기고 태평성대를 이룩했던 장수왕의 리더십은 분명히 서로 다른 성격을 지닌 것으로 보인다. 이 중 어느 것이 더 나은지를 오늘날의 기준으로 재단할 수는 없지만 그 시대의 리더가 어떤 마음으로 국가를 이끌었는지는 다시 살펴볼 필요가 있다. 훌륭한 리더는 어떤 생각을 품고, 어떤 방식으로 조직을 이끌어 갔을까?

회사의 리더인 대표이사의 생각이 곧 경영 철학이다. 2019년 대표이사로 취임한 이후 회사의 이익을 창출하면서도 조직원과 마음을 함께하는 경영을 실현하기 위해 노력해 왔다. 기업을 둘러싼 경영 환경은 빛의 속도로 변하고 있어서 제때 적응하지 못하는 기업은 언제든 낙오될 수 있는 형국이다. 2025년 현재, 세계는 자유무역을 기반으로 하는 세계화 시대가 저물고 각자도생의 시대로 접어들었다.

파란과 격동의 시기인 21세기의 시대정신이 요구하는 리더십은 무엇일까? 조직원의 신호를 섬세하게 받아들이고, 조직원과 수평적으로 소통하며, 멀리 보고 밝게 살피는 리더십, 이를 실시간 연동형 내비게이션을 지향하는 리더십이라고 생각해 봤다. 조직원의 간절함을 바탕으로 모두의 공감을 이끌어 내고, 전문 지식으로 무장한 조직에 리더의 상상력을 더한다면 우리는 행복한 조직을 만들 수 있다. 모두가 서로에 대한 사랑으로 함께 나아가기를 희망해 본다.

**리더의 생각은
곧 경영 철학**

한국수력원자력을 거쳐 HD현대일렉트릭 대표이사 사장이 되기 훨씬 이전부터 조직에서 책임 있는 자리를 맡으며 끊임없이 들어온 단어가 '리더'와 '리더십'이다. 하나의 거대한 조직을 이끄는 자리에서 어떤 리더인지, 어떤 리더십을 발휘하는지(혹은 발휘할 것인지)에 사람들의 관심이 집중되는 것은 인지상정이다. 리더는 단순히 조직을 대표하는 사람을 넘어 조직의 비전을 제시하고 이를 실현으로 이끄는 역할을 해야 하며, 나아가서는 성과를 창출하는 조직으로 이끌어야 하기 때문이다.

리더를 어떻게 생각하고 어떤 리더십을 발휘하는가의

문제는 결국 경영 철학에 관한 질문이다. 내가 어떤 리더이며 어떻게 기업을 운영할 것인지는 곧 내가 어떤 경영 철학을 지니고 있는가의 문제와 맞닿아 있다.

새로운 시대정신과 리더십

한때는 회사나 조직의 흥망성쇠가 리더 한 사람에게 달려 있다고 여겨졌다. 특히 초기 전통적 리더십 이론에 따르면, 특정한 성격을 선천적으로 타고난 이들만이 진정한 리더가 될 수 있다고 보았다. 다른 사람보다 지능이 뛰어나거나 건강한 신체를 타고났거나, 혈통이 좋은 이들이 리더 역할을 해 오던 시대였다.

이보다 좀 더 역동적인 시대에는 타고난 특성보다 어떠한 환경과 상황에서 이를 어떻게 극복하는가에 따라 진정한 리더가 탄생한다고 보았다. 이 시기의 리더는 위기 상황에서도 굴하지 않는 용기와 뚝심, 책임감과 자신을 바탕으로 신속하고 과감한 결단을 내리며 속도감 있게 추진하는 인물이었다. 이렇게 리더의 특징을 묶어서 민주적 리더십, 권위적 리더십, 카리스마 리더십 등 다양한 유형으로 구분했다.

사회와 조직이 복잡해지면서 특정한 사람만이 거대한 조직을 이끄는 것이 아니라, 조직 내 누구라도 리더가 될 수 있다는 인식이 확산되었고, 각자가 맡은 소임과 책임을 다해야 한다는 '셀프 리더십'도 등장했다. 어떤 회사에서는 회사의 평직원에게 CEO 역할을 맡겨 보는 실험을 하기도 했다. 이런 흐름 속에서 리더는 유전적으로 타고나는 것이 아니라 만들어지는 존재라는 인식이 자리 잡았고, 리더십 교육을 중요하게 여기기도 했다.

시대마다 시대정신에 맞추어 변화해 온 리더십은 그 시대에 맞추어 나름의 소임을 다해 왔다. 하지만 지금까지의 리더십은 분명한 한계를 드러내고 있다. 탁월한 능력을 지닌 한 개인이 조직 전체를 좌우하기 어려운 시대가 도래한 것이다. 21세기의 4분의 1이 지나가고 있는 지금의 시대정신은 새로운 리더십을 요구하고 있다. 21세기에는 21세기에 걸맞게 특정한 개인이 아닌 집단지성이라는 완전히 새로운 개념의 리더십이 등장하게 된다.

경영,
조화와 균형이 필요한 예술

이제 기업에서는 경영진의 생각을 일방적으로 전달하고 "나를 따르라"고 요구하는 방식이 더 이상 통하지 않는다. 회사의 모든 이해관계자가 참여하여 기업의 가치를 극대화해야 한다. 기업이익을 추구하는 것은 물론이고 주주를 비롯한 모든 이해관계자의 이익을 균형 있게 맞추는 노력이 중요하다.

기업은 제품과 서비스를 생산하고 판매하는 주체이며 이 과정에서 일자리를 창출한다. 기업이 벌어들인 수익은 종사자에 대한 임금, 재료비, 임대료, 이자, 그리고 주주에 대한 배당의 형태로 관계자들에게 배분된다. 현대 자본주의 사회에서 대부분의 기업은 법인을 설립해 주식회사 형태로 운영되며, 시장경제의 원리에 따라 경쟁하면서 활동한다.

그렇다면 기업의 주인은 누구인가? 주식을 보유한 주주가 주인이라는 '주주가치론'과 종업원이나 고객 등 이해관계자들이 사실상의 주인이라는 '이해관계자론'이 있다. 최근에는 법인도 하나의 인격체라는 점을 강조하면서 기업의 주인은 기업 자신이라는 이론도 등장하고 있다.

이 이론에 따르면 **기업은 자신의 목표를 추구하면서 그에 상응하는 권한과 책임을 진다**. 기업은 지속 가능한 이익을 창출하기 위해서 이사회라는 의사 결정 기구를 통해 경영 방향을 결정한다. 그 과정에서 창출된 이익을 분배할 때, 주주 이익과 사회적 이익의 균형을 어떻게 맞출지는 기업 자체의 몫이다. 그래서 **경영은 조화와 균형이 필요한 예술**과 같다. 극단의 선택은 일시적으로 선명해 보이지만 현실에는 맞지 않는 색깔이다.

집단지성은
조직원의 역량 강화로부터

지금은 한 사람의 뛰어난 리더의 존재만으로 조직의 흥망성쇠가 결정되는 시대가 아니다. 뛰어난 1인 리더십의 시대를 넘어 '1인 다수 리더십'으로 패러다임이

전환되었다. 이를 'We 리더십'이라고도 하는데, 이는 한 명의 개인이 모든 리더십을 발휘하는 것이 아니라 팀 전체가 리더의 역할과 책임을 공유하는 것을 말한다. '1인 다수'라는 표현처럼 여러 구성원이 리더십을 공유하며 집단적으로 조직을 이끌어 가는 것이다.

　이처럼 단순히 한 명의 뛰어난 리더가 모든 것을 주도하던 방식에서 벗어나 리더와 구성원이 함께하는 협력적인 리더십이 요구되는 시대에는 '집단지성(Collective Intelligence)'이 필수적이다. 어찌 보면 We 리더십은 집단지성을 발휘하기 위한 기반이라고 해도 무방하다.

　집단지성이란 여러 사람이 협력하거나 경쟁을 통해 만들어 낸 집단적 지적 능력과 결과물을 뜻한다. 이 개념이 중요한 까닭은 한 사람의 제한된 지식보다 다양한 관점을 지닌 여러 사람이 힘을 합칠 때 단순한 능력의 합을 넘어서는 새로운 해결책을 창출할 수 있기 때문이다. 집단지성을 제대로 발휘할 수 있는 조직은 어떠한 난제가 닥치더라도 이를 해결할 수 있는 능력을 지닌 조직이라고 할 수 있다.

　그런 점에서 오늘날의 리더에게는 집단지성을 활성화할

수 있는 리더십이 필요하다. 이를 위해서 리더는 구성원 각자의 역량을 극대화할 수 있는 환경을 만들어야 한다.

그렇다면 조직원의 역량 강화는 어떻게 해야 가능할까? 조직이 성장하려면 구성원들이 하고자 하는 일과 원하는 바에 관해 자유롭게 이야기할 수 있어야 한다. 또한 각자 자신의 능력을 드러내고, 그것이 잘 발현될 수 있는 여건이 마련되어야 한다. 그러려면 먼저 구성원들이 어떤 생각을 하고 있고 어떤 역량을 지니고 있는지를 리더가 정확히 파악해야 한다. 조직원에 대해 잘 알지 못한다면 그들의 역량을 극대화한다는 것은 불가능하기 때문이다.

  이 말은 돌려 말하면 '소통'이 필요하다는 것이다. **상호간에 정보를 주고받아야 조직원을 적재적소에 배치하고, 개인의 역량을 극대화하며, 이를 실제 집단지성을 통한 조직의 성과로 연결할 수 있기 때문이다.** 이를 나는 '실시간 연동형 내비게이션 리더십'이라 부른다.

지금은
실시간 연동형 내비게이션 리더십의 시대

 퇴근 시간, 분당에서 서울 강남역으로 이동해야 하는 사람들이 있다고 가정해 보자. 모두 같은 시간에 자동차로 출발했을 때 과연 어떤 사람이 가장 먼저 도착할까? 예전에는 강남까지 자동차를 많이 운전해 본 사람이나 택시가 가장 빨리 도착할 수 있었다. 퇴근 시간에 어느 길이 가장 많이 막히고 어느 길이 차량 이용이 적은지 경험으로 아는 사람들이 유리했기 때문이다. 하지만 티맵 같은 실시간 연동형 내비게이션이 등장한 이후 변화가 생겼다.

실시간 연동형 내비게이션은 분당에서 강남역으로 이동하는 모든 내비게이션 이용 차량이 자신의 위치와 속도 정보를 신호로 보냄으로써 작동된다. '경부고속도로를 이용 중인데 차량이 많아서 시속 10킬로미터 속도로 움직이는 중이다', '샛길 이용 중인데 여기는 시속 15킬로미터로 이동 중이다' 등등. 이런 수많은 정보를 종합해 현재의 교통량을 분석하고, 어느 길로 가는 것이 최적의 경로인지 알려준다. 따라서 이제는 경험으로 길을 잘 아는 운전자보다 내비게이션 이용자가 더 먼저 목적지에 도착할 수 있게 되었다.

여기서 우리가 중요하게 보아야 할 것은 무엇일까? 나는 실시간 연동형 내비게이션에 참여하는 사람 모두가 **자기 신호를 보내고 있다는 사실에 주목한다**. 이 쌍방향 신호가 있어야 시스템이 제대로 작동하기 때문이다. 예를 들어 이동 차량 100대 중 10대의 정보만 알 수 있고 나머지 90대의 정보를 받을 수 없는 시스템이라면, 이 내비게이션이 알려주는 정보는 정확한 것이라고 할 수 없다. 다시 말해 이 시스템은 제대로 작동하지 않는 것이므로, 별 쓸모가 없다.

리더십도 마찬가지다. 예전에는 리더 개인의 경험치를 바탕으로 "오늘은 비가 오니 이 길로 가는 게 빠르다"고 판단해 지시하면 되던 시절이 있었다. 사장 혼자 세계 경제와 산업의 흐름을 꿰뚫고 이에 맞는 기술을 개발하거나 영업 전략을 수립하는 통찰력을 바탕으로 방향을 제시했고, 직원들은 자신에게 주어진 일만 충실히 수행하면 되는 시절이었다. 그것이 통하던 시대가 있었다. 물론 그런 방식이 지금은 무조건 틀렸다거나 전혀 필요 없다고 주장하는 것이 아니다. 다만, 오늘날은 한 명의 뛰어난 리더가 일방적으로 방향을 제시하는 방식을 넘어 조직원 모두가 **소통하면서 집단지성을 발휘해 조직의 변화를 이끌어가야 하는 시대**라는 것이다. 그것이 지금의 시대정신이다.

조직이 실시간 연동형 내비게이션처럼 소통한다면 어떻게 될까? 서로가 끊임없이 신호를 주고받으며 움직인다면, 조직은 살아 있는 생명체처럼 유연해지지 않을까?
  그렇다면 어떻게 소통해야 할까?
  당신은 조직에 갓 들어온 20대 신입사원이 무슨 생각을 하고 있는지 알고 있는가? 30대와 40대의 중견 사원과 임원들은 어떤 고민을 하며, 어떤 역량을 지니고 있는지 알고 있는가? 만약 당신과 나, 우리가 서로의 강점과 내딛는 방향을 알고 있다면 조직은 어떻게 달라질까? 서로를 깊이 이해할 수 있는 소통 시스템을 구축하고 그것이 제대로 작동한다면, 조직에는 어떤 변화가 일어날까?
  지금은 이러한 질문과 상상이 필요한 시대다. 그리고

상상할 줄 아는 리더가 요구되는 시대다. 이 상상의 나래를 펼쳐 큰 그림을 그리고, 오늘날처럼 복잡한 현실 속에서 그 비전을 구체적인 시스템으로 구현할 수 있어야 한다. 오늘날의 리더는 상상력과, 그 상상을 현실로 구현할 수 있는 실행력을 갖춘 사람이어야 한다.

리더의
소통 능력

인간의 소통(Communication) 방식은 시대의 흐름과 함께 끊임없이 변화해 왔다.

울산의 반구대 암각화에는 7,000여 년 전 우리 조상들의 소통 흔적이 남아 있다. 돌 위에 신호를 새기며 살아 있는 사람들끼리 정보를 교환했을 뿐만 아니라 죽은 자와도 대화를 시도했던 흔적을 찾아볼 수 있다.

현대인들은 새로운 기술 발전으로 전자신호를 활용해 소통한다. 이메일과 문자 메시지는 물론이고 각종 사회적 소통망 서비스(SNS, Social Network Service)가 주요한 소통의 통로가 되었다.

그럼에도 인간에게 소통의 기본 수단은 여전히 말과 글이다. 인간은 말과 글을 통해 자신의 생각을 전달한다. 말은 주로 상대방에게 향하지만, 때로는 스스로에게도 자신의 생각을 전한다. 나 또한 특별한 순간에 무심코 혼잣말을 내뱉고는 '아! 내가 이런 생각을 하고 있었나?'라는 자각에 놀란 경험이 있다. 그 생각이 천주교 신자라면 고해성사를 해야 할 만큼 부끄러운 내용일 때는 더욱 당혹스럽다. 그래서 선현들은 말하기 전에 세 번 더 생각하라고 가르쳤던 것이다.

글은 '필화(筆禍)'라는 단어가 있을 만큼 말보다 훨씬 더 위험하다. 말은 주워 담을 수는 없지만, 문제가 되면 "본의와 다르게 표현되었다"라고 변명이라도 해 볼 여지가 있다. 반면 글은 쓰고 난 다음에는 이미 자신의 것이 아니다. 시간이 아무리 흘러도 죽지 않고 기록으로 남아 사라지지 않는다. 따라서 글을 쓰는 일에는 신중에 신중을 기해야 한다. 그 글이 단순한 사실 전달을 넘어, 자신의 입장을 드러내거나 상대방의 입장을 반박하는 내용이라면, 더욱 각별한 주의가 필요하다.

말과 글로 표현하는 일에 위험이 따르더라도 인간은 결국 말과 글을 통해서만 소통할 수 있다. 소통의 수단은 인류사의 발전에 따라 다양하게 변화해 왔지만, 말과 글이 있었기에 인류가 오늘날의 문명을 일궈낼 수 있었다. 한층 투명해진 현대 사회에서도 소통의 수단이 되는 말과 글을 어떻게 활용하고 다루는가는 여전히 중요한 과제다. 따라서 리더의 자질을 논할 때, 가장 필수적인 자질로 말과 글을 통한 소통 능력을 꼽는다.

SNS는 동시(同時) 소통의 세계다. 단체 채팅방에 올라온 메시지를 묵묵부답으로 보기만 한다면 그 모임에 애정이 없다는 오해를 받기 십상이다. 최소한 '좋아요'라도 눌러 자신의 존재를 표현해야 한다. 이는 단순한 행위가 아니라, 관계 속에서 자신을 상대방에게 확인시키는 과정이다. 또한 이러한 소통은 타이밍을 놓치지 말아야 한다.
　SNS를 자기의 입장이나 의견을 알리는 수단으로 활용하는 사람들도 있다. 미국의 트럼프 대통령은 트위터나 엑스 등의 SNS를 자주 활용하는 리더다. 시리아에 대한 미국의 미사일 공격에 대비하라고 러시아에 경고하거나 한미 정상회담 전에 상대방 입장을 난처하게 만드는 메시지를 SNS를 통해 직접 발신하기도 했다. 단순한 사적 공간으로 여겨지던 SNS가 공적 외교 채널로 활용되며 공적 소통의 무대가 된 것이다. 말과 글의 위험성을 고려해 신중함을 기하라는 경고의 소리는 이제 세상 물정 모르는 옛사람들의 의미 없는 푸념이 된 것처럼 보인다.

현대의 소통 수단인 SNS는 동시성, 양방향성, 수평적 소통이라는 장점이 있지만 불가피하게 수반되는 몇 가지 문제점을 내포하고 있다. 특히 빠른 대응이라는 동시성의 장점은 자칫하면 부정확한 사실에 기초한 오해를 불러일으킬 수 있다. 더욱이 글로 표현된 부정확한 사실은 회복 불능의 필화로 이어질 수 있다. 이러한 점을 고려해 표현을 과도하게 하거나, 말하듯이 가볍게 글을 쓰는 습관에 빠지지 않도록 스스로 경계하는 태도가 필요하다. 또한 SNS가 여론의 모든 것이라고 오인하는 유혹에도 빠지지 않아야 한다.

공동체가 건강하게 작동하려면 수평적 소통이 중요하다. 사람들은 서로 대등하게 교류하는 수평적 소통을 통해 정서적 공감을 얻는다. 그러나 감정과 공감만으로는 충분하지 않다. 즉 이성적 판단이 필요한 영역도 존재한다. 여기에는 냉정함이 필요하다. 따라서 인간이 가진 한계를 인정하고 자기 스스로 부족한 모습을 돌아보는 겸손함을 가져야 한다. 동시에, 냉철한 이성으로 내리는 의사 결정의 불편함도 감수할 수 있어야 한다. 또한 다수의 의견이 항상 옳다고 믿는 사고에서 벗어나 다른 생각을 존중할 줄 아는 성숙한 사고로 나아가야 한다.

회사는 당신의 신호를 기다리고 있다

30여 년 전, 한국 경제가 중진국으로 도약하던 시절의 이야기다. 1988년 대한민국은 미국과의 교역에서 100억 불의 무역수지 흑자를 기록했다. 재정과 무역의 쌍둥이 적자에 시달리던 미국은 한국의 시장 개방을 더욱더 강력하게 요구했다. 이에 한국 정부는 국제 사회 일원으로서 책임을 다하고 있음을 알릴 필요가 있었다. 당시 통상 주무 부처였던 상공부는 《Responsive & Responsible(응답과 책임)》이라는 제목의 홍보 책자를 발간했다. 대한민국이 응답하고 책임지는 나라라는 의미였다. 왜 이런 제목을 부쳤을까?

선진국이 된다는 것은 국제 사회의 질문에 적시에 "예"든 "아니오"든 답을 해야 한다는 의미다. 규제가 국제적 규준(global standard)과 맞지 않는 것도 문제지만, 국제 사회의 질문에 적시에 응답하지 않으면 훨씬 더 큰 문제가 발생한다. 그래서 홍보 책자의 제목에서도 응답(Responsive)이 책임(Responsible)보다 앞서 나온다. 선진국으로 나아가기 위해서는 먼저 응답하고, 그 다음에 책임을 지는 것이 필수적이다. **우리가 살아가는 사회에서도 "남이 너에게 해 주기를 바라는 그대로 너희도 남에게 해 주어라"라는 황금률의 정신이 필요하다.**

이 원리는 조직 안에서도 그대로 적용된다. 침묵으로 일관하면서 결과에 대해서 마지못해 수용하거나 불만을 숨기는 조직은 갈 길을 잃을 수밖에 없다. 앞서 언급했듯이, 뛰어난 능력이 있는 지도자가 방향을 제시하고 조직원을 이끌던 시절이 있었다. 왕정의 시대가 그러했고 개발 연대에도 그러했다. 그러나 이제는 시대가 달라졌다. 리더의 독단적 결정으로 조직을 이끌면 분명 부작용이 생긴다. 이제는 조직원의 **집단지성이 조직의 미래를 결정하는 시대인 것이다.**

새로운 시대에는 조직원 한 사람 한 사람의 생각이 가장 중요하다. 티맵 같은 실시간 내비게이션이 모든 운전자가 자신의 위치와 이동 방향을 신호로 보내줘야 제대로 작동하듯, 조직도 마찬가지다. 구성원 모두가 자발적으로 자기 생각과 의견을 어떠한 형태로든 신호로 보내 주어야 조직이 제대로 움직인다.

리더는 조직원들이 보내는 신호를 오해 없이 받아들이고, 체계적으로 정리해서 정확한 답을 찾는 시스템을 구축해야 한다. 아무리 좋은 시스템도 조직원의 자발적인 신호가 없으면 작동할 수 없다.

잊지 말기 바란다. **모든 회사는 조직원 여러분의 신호를 기다리고 있다.**

말하지 않아도
알 수 있는 것들

나는 프로야구 중계방송 보는 것을 좋아한다. 40년 전, 처음 프로야구가 출범했을 때는 주말 오후 소파에 누워 야구 중계를 보면서 휴일을 보내곤 했다. 야구 경기를 볼 때 예전에는 잘하는 선수들만 기억에 남았다. 그러나 요즘은 그렇지 않은 선수들의 노력과 절실함이 더 눈에 들어온다. 강속구 투수가 나이가 들면서 구속은 줄었지만 정교한 제구력으로 컨트롤 투수로 변신하는 모습, 왜소한 신체 조건을 빠른 발과 자신만의 감각으로 보완하는 선수, 그리고 가끔 대타나 대주자로 나와 팀을 위해 헌신하는 선수들의 절실함을 유심히 보게 된다. 그들의 절박함과 보이지 않는 노력이 보이기에 진심으로 그들을 응원하게 된다.

조직 생활에서도 '말'이 다가 아님을 깨닫게 된다. 말만 앞세우는 사람이 있는가 하면, 말없이 묵묵히 자기 일을 하는 사람도 있다. 앞서 소통 능력에서 말과 글의 중요성을 언급했지만, **조직 생활을 비롯한 일반적인 실제 생활에서의 소통은 결코 말과 글만으로 이루어지지 않는다. 말과 글도 중요하지만, 그 밑바탕을 이루는 '태도'가 중요하다.**

　리더는 조직원 한 사람 한 사람을 세심하게 바라볼 수 있어야 한다. 조직원들에게 관심을 가지고 자세히 들여다보면, 말과 글로는 알 수 없었던 각각의 특장점이 보인다. 물론 리더의 관점에서 보이는 것들이 있고, 동료나 후배의 입장에서 보이는 것들이 있다. 누가 일을 잘하는지 못하는지, 얼마나 성실한지 아닌지를 누구보다 잘 아는 것은 같이 일하는 사람들이다. 노력하는 만큼의 성과를 내는 사람도 있고, 노력에 비해 성과가 덜한 사람도 있으며, 그 반대의 경우도 있다.

　리더는 조직원들의 숨은 노력, 절실함, 절박함 등을 보면서 조직원들을 응원할 수 있어야 한다. 사람과 사람 사이의 신뢰는 선언적으로 말하지 않아도 알 수 있는 것들이다. 믿어 주는 리더가 있을 때 조직원들은 더 열심히 맡은 바 일들을 해 나간다. 신뢰가 바탕이 된 조직은 더 유연해지고 조화를 이루게 된다는 것은 너무도 자명하다.

사랑,
리더십의 밑바탕

중국 춘추시대의 진문공(晉文公)은 19년이라는 긴 세월 동안 다른 나라에 망명하여 어려운 시절을 보낸 이후에야 왕위에 올라 진나라를 강국으로 만들었고, 결국 춘추 5패의 한 사람으로 패자(覇者)의 명성을 남기게 되었다.

오랜 기간 혹독한 어려움을 극복하고 왕위에 오른 진문공은 공신들을 평가할 때 세 가지 기준을 세웠다. 1등 공신은 자신에게 왕도를 가르치고 그것을 지키게 해 준 사람, 2등 공신은 앞으로 나라를 잘 다스릴 능력이 있는 사람, 3등 공신은 지난 19년의 어려움을 함께 견디며 자신이 왕위에 오를 수 있도록 공을 세운 사람으로 구분하였다. 그 시절 왕도의 핵심은 크게 보면 백성에 대한 사랑이었다고 할 수 있다.

이 이야기는 오늘날의 리더십 이론과도 놀라울 만큼 일치한다. 경영자의 리더십 역시 밑바탕에는 조직과 조직원에 대한 사랑이 자리하고 있기 때문이다. 표면적으로 드러나는 조직의 성장, 구성원 간의 수평적 소통, 조직원의 참여와 선택과는 달리 리더의 사랑이나 진정성은 눈에 보이지 않는다. 하지만 비록 보이지는 않으나 사랑이야말로 모든 행위의 밑바탕에서 조직의 성패를 좌우하는 가장 근원적인 힘이다.

조직 문화를 건강하게 만들기 위해 다양한 제도를 도입했는데도 변화의 조짐이 보이지 않는다면, 리더는 자신의 마음을 뒤돌아볼 필요가 있다. 겉으로 드러나는 말이나 행동보다 보이지 않는 마음이 상대방의 공감을 불러일으킨다. 리더의 간절한 마음이 조직원과 진심으로 통하여 공감할 때 조직은 건강해지고 조직원은 행복해진다.

회사에는 공을 세운 사람도, 일을 잘하는 사람도 꼭 필요하다. 하지만 **경영자는 어떻게 해야 회사의 미래를 밝히는 길인지를 고민하고 스스로 답을 찾아내려는 마음가짐이 필요하다. 그리고 그러한 미래를 향한 길은 회사와 조직원에 대한 사랑이 바탕이 되어야만 찾아갈 수 있다.**

어제와 같은 오늘을 사는 것은
죽은 것이다

어느 역사학자는 "역사는 필연적인 법칙에 따라서 진행되는 것이 아니라 불확실성으로 가득한 문제 해결 과정"이라고 했다. 지나온 시간을 돌아보면 마치 어떤 섭리가 있는 것처럼 보이지만, 그 안으로 들어가 보면 끊임없이 도전하고 해결해 온 인간의 모습을 보게 된다. 인간의 한계를 뛰어넘는 어떤 힘을 인정해야겠지만, 다른 한편으로는 시간의 발자취에 새겨져 있는 수많은 과정도 존중해야 한다.

시장경제와 자본주의, 그리고 산업혁명은 마치 하나의 연결고리를 이루어 오늘날의 세계를 만든 것처럼 보이지만, 그 과정은 예측할 수 없는 투쟁과 타협의 연속이었다. 이처럼 역사 속에 스며 있는 인간의 모습을 보지 못한다면 더 나은 미래를 꿈꿀 수 없다.

기업 경영 또한 다르지 않다. 경영이란 책에서 배운 성공 법칙을 그대로 따라 한다고 해서 저절로 잘되는 게 아니다. 현실에서는 매번 새로운 변수와 위기에 창의적으로 대응해야 할 때가 부지기수다. 박제된 교과서의 법칙보다, 불확실성의 세계에 직접 부딪치며 다이내믹하게 변하는 현실에 대응해야 한다.

역사는 도전과 응전의 과정을 반복하며 이뤄졌다는 역사학자 토인비의 말처럼, 기업 경영도 마찬가지다. 얼핏 보면 매번 하는 일이 똑같고, 만들어 내는 제품이나 서비스도 그다지 바뀐 게 없는 듯 보인다. 그러나 그 안을 자세히 들여다보면 숱한 도전과 응전의 흔적이 있다. 이 과정을 제대로 이해하지 못하면 탁상 위에서만 경영을 논하는 책상 경영에 머물 뿐이다.

분당에는 GRC가 있다. 2022년, 현대중공업그룹이 창립 50주년을 맞아 'HD현대'로 사명을 바꾸고 서울 종로구 계동 사옥을 떠나 새롭게 둥지를 튼 곳이다. GRC는 글로벌R&D센터(Global R&D Center)의 약자로, HD현대의 연구개발 허브이기도 하다.

이곳으로 출근하면서 나는 아침마다 GRC 에스컬레이터 옆 벽면에 새겨진 고(故) 정주영(1915~2001) 회장의 글귀를 마음에 담는다.

> "매일이 새로워야 한다. 어제와 같은 오늘, 오늘과 같은 내일을 사는 것은 사는 것이 아니라 죽은 것이다."

어제보다 조금이라도 더 나은 삶을 살기 위해 오늘 하루도 노력해야 한다는 뜻으로 다가왔다. 예전에 어느 강연에서 금세기 최고의 과학자로 불리는 아인슈타인도 이와 비슷한 의미의 말을 했다는 얘기를 들었다.

> "어제와 똑같이 살면서 다른 미래를 기대하는 것은, 정신병 초기 증상이다(Insanity is doing the same thing over and over again and expecting different results)."

같은 방식을 반복하면서 더 나은 결과를 기대하기란 어렵다는 뜻이다.

이나모리 가즈오(稲盛和夫, 1932~2022)는 일본의 첨단 전자부품 제조업체인 교토 세라믹 주식회사(현 교세라 주식회사)의 창업자이자, 전 세계적으로 가장 널리 알려진 CEO 중 한 사람이다. 많은 기업이 신입사원들에게 권장도서로 추천하는 그의 저서 《왜 일하는가?》에서 이나모리 회장도 비슷한 메시지를 전하고 있다.

"오늘은 어제와 같을 수 없다."

높은 산의 정상에 오르면 보이는 풍광이 다 비슷해 보이는 것처럼, 우리가 살아가는 세상에도 변하지 않는 원리가 있는 듯하다. 사실 우리는 어떤 일을 관성적으로 반복하다 보면 그저 하던 대로 하는 것이 편하고 새로운 도전이 번거롭게 느껴져 기존의 방식에 그대로 안주하게 되는 경우가 많다. 익숙함 속에서 안락함을 느끼고, 그 편안함에 안주하는 것이다.

그러나 기업을 크게 일군 기업가나 역사에 이름을 남긴 과학자들은 하나같이 이러한 '편안함'을 경계하라고 가르친다. **지금 해야 할 일을 하면 미래에는 자신이 하고 싶은 일을 할 수 있지만, 지금 하고 싶은 일만 좇으면 미래에는 어쩔 수 없이 남이 시키는 일을 해야 한다.**

그래서 나는 오늘도 아침 일찍부터 내가 해야 할 일을 찾아 실행하며, 어제보다 조금이라도 더 나은 리더가 되고자 노력한다.

백성은 배를 띄울 수도 있고 엎을 수도 있다

고대 그리스의 혼란기에 아테네가 도시국가로서 지중해를 제패할 수 있었던 것은 시민의 참여와 애국심 덕분이었다. 로마가 세계 제국으로 커나갈 수 있었던 이유도 로마 시민으로만 구성된 군대가 있었기에 가능했다. 주변의 다른 부족들은 대부분 전투 행위를 전문으로 하는 용병 중심이었다. 반면에 시민으로만 구성된 로마군은 자신의 가족과 재산을 지켜야 했기에 전쟁에서 월등하게 우위를 점할 수 있었다.

중국 역사에도 백성의 마음을 사는 지도자가 결국 천하를 다스린다는 이야기가 많다. 조선 최고의 개혁 군주로 평가받는 정조는 일찍이 "군주민수(君舟民水)"라 하였다. "백성은 바다의 물과 같아서 배를 띄울 수도 있고 엎을 수도 있다"라는 격언은 리더십의 요체가 무엇인지를 짐작하게 한다. 군사적 능력이 뛰어난 장군도 필요하지만, 백성의 마음을 살 수 있는 정치가가 더 중요하다는 의미다. 이는 오늘날의 리더십에도 그대로 적용된다.

영화 〈천문(天問)〉을 보면서 세종대왕과 장영실의 꿈과 같이할 수 있는 시간을 가진 적이 있다. 우리만의 언어를 만들고, 우리만의 기술로 하늘을 관측하며, 우리에게 맞는 시간을 갖고자 했던 그들의 열정을 보았다. 치열하게 토론하고 고민하는 국가 지도자들의 모습도 인상적이었다. 큰 나라에 둘러싸인 조선의 지도자가 많은 것을 참고 견뎌 온 시간을 나 또한 아픈 마음으로 함께했다. 그리고 새삼 절감했다. **뜨거운 열정만으로 이룰 수 있는 일은 너무 적고, 더 큰 성취를 위해서는 참고 기다리는 인내가 반드시 필요하다는 사실을.**

멀리 보고
밝게 살피다

'분초사회(分秒社會)'라는 말이 있다. 분 단위와 초 단위로 시간을 쪼개서 시간의 사각지대를 확보해 자투리 시간을 효율적으로 활용하는 사회를 뜻한다. 현대 사회의 속도와 즉시성을 상징하는 이 말은 변화가 빠른 경쟁사회의 특성을 잘 보여 준다. '분초사회'라는 말은 효율과 속도의 중요성을 고스란히 담고 있다.

현대 사회는 IT 기술 발전과 디지털화로 비효율과 시간 낭비를 일종의 악덕으로 여긴다. 빠른 피드백과 즉각적인 결과를 기대하는 조직에서는 이를 중요한 가치로 받아들인다. 특히 비즈니스를 하는 조직, 즉 기업에서는 효율과 속도가 조직의 생존을 결정짓는 핵심 요소다. 그러다 보니 시간은 곧 무형의 자산이며, 이를 효율적으로 사용하지 못하면 도태될 수밖에 없다는 위기감이 직장인에게는 늘 있다.

분초사회가 중시하는 효율과 속도가 조직의 군살을 빼고 가볍고 기민하게 만드는 연료로만 활용된다면 더없이 좋을 것이다. 하지만 모든 일에 순기능만 있는 것은 아니다. 효율과 속도에 목숨을 걸어야 하는 기업의 조직 구성원이라면 스트레스와 심리적 부담이 증가할 수밖에 없다. 효율과 속도는 경쟁을 최고의 선으로 보기 때문에 개인의 고립을 심화시킨다. 빨리 결정하고 즉시 행동으로 옮겨 결과를 내는 것을 요구할수록 구성원 간의 협업이나 유대감을 기대하기 어렵다.

어쩌면 분초사회의 또 다른 이름은 '각자도생(各自圖生)'일지도 모른다. 효율과 속도를 추구하는 과정에서 협업보다 개인의 경쟁력이 강조되기 때문이다. 우리가 살아가는 현재의 대한민국은 어떤 의미에서는 각자도생의 시대라고 할 수 있다.

우리가 선택한 시장경제 체제는 경쟁을 기본 원칙으로 삼는다. 개인의 욕망이 치열하게 부딪히는 시장에서는 경쟁에서 이긴 자만이 살아남는다. 개인은 타고난 재능과 성실함, 그리고 인간관계를 통해 평가받는다. 기업은 경영자의 리더십, 기술력과 영업 능력, 조직원의 단합을 통해 경쟁력을 확보한다. 개인은 개인대로, 기업은 기업대로 시장 안에서 치열하게 경쟁한다. 적당히 타협하고 승부를 미루는 순간 사회의 발전은 멈추고 만다. 더불어 잘 살기 위해서는 어쩔 수 없이 승패를 갈라야만 한다.

이러한 시대에는 더더욱 '원견명찰(遠見明察)'의 자세가 필요하다. 《한비자》 제11편 〈고분(孤憤)〉에 나오는 이 말은 "멀리 보고 밝게 살핀다"라는 뜻이다.

모두가 분초사회를 살아가며 각자도생의 어려운 싸움을 하고 있을 때, 리더는 멀리 보고 깊게 살피면서 조직의 미래를 설계해야 한다. 흔히 사업가에게는 일종의 '촉'이 있어야 한다고 말한다. 또 어떤 사업가는 중요한 투자 결정을 역술에 의지하기도 한다. 운칠기삼(運七技三)이라는 말처럼, 성공에는 운이 따라야 한다고도 한다. 나 역시 인간이 할 수 있는 일의 한계가 있음을 인정하기에 "진인사대천명(盡人事待天命)"이라는 격언을 새기고 있다.

원견명찰은 진인사대천명 중에서 진인사를 강조하는 의미다. 멀리 보고 밝게 살피기 위해서는 성찰과 소통이 필요하다. 회사의 대외 환경은 어떠한지를 정확히 예측하기 위해서는 시대를 멀리 보고 회사의 비전을 수립해야 한다.

오늘 일어나는 현안에만 매몰되면 미래를 정확히 보기가 어렵다. 밝게 살피려면 조직 내부에서 일어나는 일에도 세심한 관심을 기울여야 한다. 조직원과의 진정성 있는 소통이 없다면 밝게 살피기도 어려울 것이다.

멀리 보고 밝게 살피기 위해서는 경쟁과 관용을 조화시키는 노력이 중요하다. 경쟁은 분명 조직 전체의 역량을 끌어올리는 필연적인 도구지만, 다른 한편으로는 관용과 타협을 멀리하게 만들어 조직 구성원 모두가 죽기 아니면 살기 식으로 싸우는 결과를 낳기도 한다.

이러한 시대를 살아가는 지도자의 자세는 어떠해야 할까? 이 모두를 관통하는 화두는 '조화(하모니)와 균형'이다. 상대방을 존중하며 하모니를 이루고, 극단에 치우치지 않고 현실적인 해답을 찾으려는 공동체의 노력과 관용의 정신이 필요한 시대다.

간절함, 공감, 지식, 그리고 상상력

경영자는 회사 공동체의 미래를 개척하는 가장 선두에 서서 걷는 사람이다. **미래를 개척하기 위해서는 간절함, 공감, 지식, 그리고 상상력이 필요하다.** 오늘날 기업은 단순히 수익을 극대화한다는 목표를 넘어서, 기업 활동의 결과물인 재화와 서비스를 통해 세상에 공헌해야 한다. 경영자는 기업의 목표에 대한 간절한 마음이 있어야 하며, 그 간절함을 기업 구성원들과 공감해야 한다. **시장과 제품에 대한 지식은 경영자에게 미래로 나아가는 방법을 가르쳐 주고, 상상력이라는 등불은 경영자를 미래로 안내한다.**

취임 초기 HD현대일렉트릭에는 '어떻게든 위기를 극복해 흑자로 전환하고 번듯한 회사를 만들겠다'는 간절함이 있었다. 그러한 간절함을 모든 직원이 공감할 수 있도록 우리는 조직원 간의 상호 소통을 강화하고, 유연한 의사 결정 구조를 만들려고 노력해 왔다. **조직의 리더는 구성원들에게 '우리'가 함께 해결한다는 공감대를 이끌어 내야 한다.** 전임자 탓, 남 탓을 하지 않으면서 조직 전체가 '우리'가 되어 함께한다는 공감대 위에서, 고칠 것은 고치고 필요하면 새로운 방법을 도입해야 한다.

  지난 3년 동안 여러 차례 진행한 'HE 컨퍼런스 데이', 임원과 직원이 역할을 바꿔서 서로를 이해하는 '역멘토링', 회사 의사 결정 과정을 직접 체험하는 직원 경영 회의 참관 등이 바로 그러한 공감을 얻기 위한 노력이었다. 그 결과 **우리 모두 간절한 공감을 바탕으로 현재의 성과를 이룩해 냈다.** 이 모든 활동의 구체적인 내용은 4장에서 자세히 소개하겠다.

조직이 지속 가능한 미래를 향해 나아가기 위해서는 리더뿐 아니라 조직원 모두에게 지식이 필요하다. 지식은 회사의 지속 가능한 미래를 만들기 위한 영양분이다. 예를 들어, 영업 담당자는 전력기기 시장의 상황과 미래 전망을 정확하게, 그리고 적시에 알아야 한다. 경쟁사의 전략과 주요국의 정책 동향에 대한 지식도 반드시 갖추어야 한다. 공장 생산 담당자는 기술적 역량을 더욱 강화해 세계 최고 수준의 품질을 유지하고, 친환경 등 신기술 변화에도 능숙하게 대응해야 한다. 신성장 부문과 경영 지원 분야도 새로운 성장동력에 대한 전문성과 통찰력, 협력 업체 관리, 재무 관리, 인사 관리 등에 대한 폭넓은 지식을 갖추어야 한다. 정확히 알지 못하면 올바른 판단을 내리기 어렵기 때문이다.

상상력은 모두에게 필요하지만, 리더에게는 특히 필수적인 덕목이다. 얼마 전 유명을 달리한 원로 코미디언이 후배에게 달걀을 가지고 무엇을 할 수 있는지 물었다고 한다. 후배가 자연스럽게 "달걀 프라이, 삶은 계란, 날달걀" 등을 열거했다. 그러자 자신은 수만 가지를 할 수 있다면서 달걀을 다른 사람에게 선물로 줄 수도 있고, 퍼포먼스로 달걀 몇 개를 깰 수도 있고, 달걀 껍데기에 그림을 그릴 수도 있고 등등을 열거했다고 한다. 이러한 상상력은 단순한 기발함을 넘어, 고정 관념을 깨부순다는 의미가 있다.

리더의 상상력은 이러한 기발함에 머물러서는 안 된다. 기발함에 더해 간절함, 공감, 그리고 지식이 함께해야 한다. 리더는 이러한 간절함과 공감, 전문 지식을 한데 모아서 기업가 자신만의 상상력이라는 바구니에 담아내는 사람이다.

에어비앤비(Airbnb)의 사업 모델은 기존의 호텔 형식을 벗어나겠다는 기발함과 더불어 대형 호텔 체인이 시장을 장악하고 있는 상황에서 소규모 숙박업자가 살아남아야 한다는 간절함, 여행자가 낯선 숙소에서도 자신의 집처럼 편안함을 느끼길 바라는 공감, 그리고 인터넷과 통신 기능의 발달로 정보 검색이 획기적으로 편해졌다는 시장 여건에 대한 확실한 지식이 결합되어 탄생했다. 그 결과, 에어비앤비는 세계적인 성공을 거둘 수 있었다.

아침밥을 거르고 출근하는 직장인들에 대한 공감에서 출발한 마켓컬리, 익명성을 중시하는 고객의 니즈를 받아들인 아만 정키(Aman Junkie) 호텔, 기발한 디자인으로 인간 내면의 욕망을 구현해 세계 선글라스 시장을 석권한 젠틀 몬스터(Gentle Monster) 등은 기발함을 뛰어넘은 상상력의 결과물이다.

HD현대일렉트릭 역시 적자에서 벗어나 제대로 된 기업이 되겠다는 간절함, 우리 모두 대한민국과 현대 정신으로 함께하고 있다는 공감, 그리고 오랜 경험과 기술 개발 투자로 쌓아온 전력기기 산업에 대한 전문 지식을 갖추고 있었다.

    외부에서 영입된 CEO인 나는 이러한 직원들의 마음을 미래로 가는 기차에 태우는 하모나이저 역할만 충실히 수행하면 되는 상황이었다. 사랑을 기반으로 즐겁게 소통하며 함께 걸어온 여정이었다.

2장

하모나이저의 힘,
심리적 안정감

하모나이저 경영으로 이끄는 회사는 어떤 회사일까? 그 답을 찾기 위해, 기업의 목적에서부터 바람직한 기업의 모습을 그려 보고자 하였다.

기업은 그 자체가 하나의 유기체이며, 내부에서 일하는 종사자는 물론이고, 기업의 제품을 사용하는 고객과 기업이 자리한 지역사회의 주민 등 모든 이해관계자의 이익을 극대화하기 위한 조직이다. '무엇인가를 함'으로써 역사를 만들어 가는 기업은 조직원들의 심리적 안정감을 바탕으로 세상을 놀라게 하면서 세월이 흘러도 변하지 않는 가치를 추구한다.

하모나이저 경영은 좋은 조직 문화를 갖추는 일에서 출발한다. 조직 문화 활동이 조직의 이익을 극대화하거나 조직원의 역량을 최대한 끌어내기 위한 수단이 되어서는 안 된다는 점을 강조하고 싶다. 그렇다면 조직 문화 그 자체가 목적이 되는 회사는 어떻게 만들어질 수 있을까? 이 장에서는 실패를 투명하게 드러낼 수 있는 조직, 다름을 인정하는 조직, 공감과 신뢰가 접착제가 되는 조직을 어떻게 만들 것인지에 대해서 고민해 보았다.

좋은 조직은 조직원의 심리적 안정감이 돋보이는 조직문화를 가지고 있다. 어떠한 혁신이나 기발한 아이디어도 비난받지 않고, 혁신과 팀워크를 바탕으로 집단지성을 함께 만들어 가는 방법에 대해서 생각해 본다. 지속 가능한 100년 기업을 향해서 담대한 마음을 가지고 힘 빼고 함께 나아가기를 청해 본다.

기업은 왜, 무엇을 위해 존재하는가

기업은 대한민국의 국가대표다. 경제적 안정이 없이는 국가의 번영이 있을 수 없다. 기업은 나라를 나라답게 하는 경제 주체이며, 국민에게 일자리를 제공하는 소중한 존재다. 기업의 주인은 주주나 경영진만이 아니라, 모든 이해관계자를 포함한 기업 그 자체라고 할 수 있다. 기업에 종사하는 우리 모두가 기업의 주인이고 국가대표라는 의미다. 이는 본인뿐 아니라 같이 일하는 동료를 존중하고 서로가 행복한 조직 문화를 만들어 가야 할 이유이기도 하다.

HD현대일렉트릭은 유튜브로 'HE 컨퍼런스 데이'를 방송한다. 이 프로그램은 회사의 경영 현황을 공유하고 사내 소통을 증진하기 위해 마련된 소통의 장이다. 2024년에는 상반기(2월)와 하반기(7월) 두 차례에 걸쳐 진행되었으며, 오프라인 행사와 유튜브 생중계를 병행했다. 특히 유튜브 방송은 회사 직원뿐 아니라 회사 바깥의 사람들도 많이 시청했다고 한다.

그렇다면 회사는 왜 이러한 조직 문화 개선 활동을 하는 것일까? 이에 대한 대답은 바로 기업의 존재 이유와 밀접하게 연결되어 있다.

이윤 추구는
필요조건일 뿐

전통적으로 회사의 목적은 영리 추구라고 한다. 보통 표현대로라면 회사는 돈 벌기 위해 존재한다는 뜻이 되겠다. 회사가 효율과 속도를 강조하는 이유 또한 이윤을 극대화하기 위해서다.

하지만 자본주의가 발전하면서 회사의 존재 이유는 지

금까지와는 다르게 장기적 이익과 지속 가능성의 관점에서 새롭게 조명되고 있다. 단기간의 영리 추구만을 목적으로 하는 회사는 오랜 시간 변함없이 발전하기가 어렵다는 의미다. 그뿐 아니라 회사 자체의 목적이 영리 추구를 넘어선 그 무엇인가 더 크고 의미 있는 가치의 실현에 있다는 견해이기도 하다.

회사는 이윤 추구를 넘어선 새로운 역할을 수행해야 한다. 다시 말해 회사의 존재 이유는 단순히 이익 창출을 넘어선 더 높은 가치를 실현하는 데 있다고 생각한다. 이윤은 회사를 운영하는 데 필수 조건이지만, 그것만으로는 충분하지 않다.

회사는 생산 주체로서 제품과 서비스를 만들어 판매함으로써 이윤을 얻는 데 그치지 않고, 임금과 배당 등을 통해 소득을 분배하며, 직원들에게 일자리를 제공하고, 지역사회 발전에도 기여 해야 한다. 이처럼 회사의 근본적인 목적을 생각해 보면, 경영인은 회사의 성장뿐만 아니라 조직원과 관계된 모든 이해관계자의 이익 극대화도 염두에 두어야 한다.

모든 이해관계자의
행복과 이익 극대화

여기에서 '모든 이해관계자'라 함은 주주와 회사 근로자뿐 아니라 협력 업체의 직원들, 그리고 회사의 고객까지를 아우른다. 이들은 모두 기업의 활동이나 의사 결정에 직접 또는 간접적으로 영향을 주거나 받을 수 있는 존재들이다. 좀 더 확장하면, 회사가 위치한 지역사회와 그 나라의 정부까지도 포함할 수 있다.

하나의 제품을 만드는 데 공을 들인 이들, 이 제품을 사용하는 이들 모두가 이해관계자라는 관점은 무척 중요하다. 만약 기업이 주주나 원청 소속자, 정규직만을 위한 이익을 추구한다면 이는 다른 누군가가 손해를 볼 수도 있음을 의미하기 때문이다. 따라서 회사는 스스로 기업가 정신과 기술 개발, 그리고 효율적인 생산 과정을 통해 새로운 가치를 창출하고 그것을 모든 이해관계자와 함께 나누는 상생의 길을 모색해야 한다.

모두의 이익을 극대화하기 위해서는 주주를 위한 환원

정책을 펼치고, 근로자를 포함한 모든 종사자의 복지를 확대하며, 협력 업체와 공정한 거래를 이어가는 노력이 필요하다. 이익은 이렇게 '돈'으로만 환산할 수 있는 것을 넘어 우리의 삶에 행복한 가치를 부여하는 모든 요소들을 포함한다.

직원들이 행복을 느끼며 소통하고 보람을 찾을 수 있는 직장을 만드는 것, 기업의 생산품을 만드는 데 필요한 부품을 공급하는 협력업체와 그 생산품을 사용하는 소비자들까지 모두가 행복할 수 있는 구조를 만드는 것, 이 모든 것이 기업의 목적이라는 사고방식의 전환이 필요하다. 그런 점에서 '모든 이해관계자의 행복'이야말로 기업의 존재 이유가 되어야 한다.

결국 회사의 존재 이유는 '모든 사람'이어야 한다. **좋은 경영자는 좋은 경영 실적을 만드는 사람을 넘어, '같이 일하는 사람들을 행복하게 만드는 사람'**이라고 생각한다.

좋은 조직 문화,
그 자체가 회사의 목적

이제 회사는 조직원의 행복한 직장 생활을 우선적으로 고려해야 한다. 조직에 대한 애정은 각자의 삶이 행복해야 비로소 시작된다.

그래서 나는, 가끔은 일에서 벗어나 자기 자신을 재충전하고, 동료와의 공감을 통하여 자발적 창의성을 발휘할 수 있고, 성과를 향한 긍정적인 자극을 서로 나눌 수 있는 조직을 만들고 싶다. 이것이 내가 추구하는 업의 목표다. 새로운 일에도 두려워하지 않는 조직, 실패를 용인하고 그것을 토대로 더 큰 성취를 이루기 위하여 앞으로 나아가는 조직, 그리하여 새로운 세대의 물결과 조화롭게 어우러지는 조직, 나는 그런 회사를 만들고 싶다.

그렇다면 이해관계자들의 행복은 어떻게 만들어 갈 수 있을까? 먼저, 내가 속한 조직에서부터 행복한 조직 문화를 만들어 가는 것이 필요하다.

대부분의 회사는 다양한 조직 문화 개선 활동을 펼친다. 이러한 활동은 단순히 영리를 목적으로 하는 자본주의적 논리를 뛰어넘는 의미를 지닌다. 좋은 조직 문화는 회사의 이익을 극대화하기 위한 수단이 아니다. 그 자체가 회사의 존재 이유이자 회사의 목적인 것이다.

우리는 회사에 다니면서 정당한 경제적 보상을 받기를 기대한다. 이러한 경제적 보상은 행복한 삶의 필요조건은 될 수 있지만, 그것만으로 행복해지지는 않는다. 경제적 보상이 조금 적더라도 자신의 노력과 성과를 인정해 주는 회사, 동료 간의 소통이 원활하고 불필요한 스트레스가 없는 회사, 회사 생활에 흥이 나고 보람을 느끼게 되는 회사는 그 자체만으로도 우리가 추구하는 목표가 될 수 있다.

우리가 발전시켜 나갈 조직 문화 활동은 이런 의미에서 그 자체가 목적인 소중한 활동이다. **도구로서의 조직 문화가 아닌 목적으로서의 조직 문화가 만들어지기 위해서는 조직원의 적극적인 참여가 필수적이다.** 조직 구성원의 참여가 없으면 어떠한 조직 문화 개선 프로그램도 아무런 의미가 없다. 회사의 구성원 모두가 조직의 주인인 동시에 가장 중요한 고객이기 때문이다.

좋은 회사를 만드는 것도 우리가 할 일이고, 좋은 회사에서 행복해지는 것도 우리가 누릴 삶이다. 다 같이 참여하여 모두가 행복한 회사를 만들어 가는 것, 아침 출근길이 즐거워지는 회사를 만드는 것, 내가 속한 조직에서 심리적 안정감을 느끼게 하는 것, 그것이 회사의 존재 이유이고, 조직 문화가 추구해야 할 궁극적인 목표다.

양보할 수 없는 가치, 품질

제품을 생산하는 회사에서 가장 중요한 가치는 무엇일까? 지속 가능한 조직, 행복한 조직을 만들기 위해 회사는 이익 창출을 목표로 한다. 그 이익 창출을 위해 가장 우선해야 하는 것, 아니 절대 양보할 수 없는 가치가 있다면 그것은 바로 제품의 '품질'이다. 아무리 행복한 조직이라 하더라도 제품의 품질이 뒷받침되지 않는다면 회사가 지속 가능한 상태를 유지할 수 없기 때문이다.

따라서 제품을 만드는 회사에서는 단연 '품질'이 첫 번째 가치가 되어야 하고, 이는 절대 양보할 수 없는 기준이 되어야 한다. 품질은 단순히 비용으로만 계산할 수 있는 문제가 아니다. 높은 수준의 품질이 확보되지 않은 제품은 결국 신뢰의 문제로 이어져 회사의 손익에도 부정적인 영향을 미친다.

HD현대일렉트릭이 만성 적자에서 흑자로 돌아설 수 있었던 이유 중 하나로 전기화 시대의 도래를 들 수 있다. 전 세계적으로 전력기기 수요가 급증하면서 시장 규모가 커졌기 때문이다. 하지만 그 기회를 놓치지 않고 파고들 수 있었던 것은 HD현대일렉트릭이 생산과 품질 면에서 꾸준히 우수한 실적을 유지했기 때문이다.

조직원 각자가 자신의 명예를 걸고 최고의 품질 수준을 지키기 위해 끊임없이 노력한 덕분에 해외 시장을 개척해 나갈 수 있었고, 그렇게 늘어난 주문 물량을 납기 내에 제공할 수 있었던 것도 엄격한 품질 관리 덕분이었다.

특히 HD현대일렉트릭에서 '품질'은 안전의 문제와도 직결되기 때문에 더욱 지켜야 할 가치다. 현대일렉트릭이 만드는 제품은 전기 에너지를 전달하거나 차단하거나 저장하는 등 전기와 관련된 제품이다. 그것도 아주 높은 고압의 전기를 다루고 있는 것이 대부분이다. 따라서 제품의 높은 안전성이 요구될 수밖에 없다. 만에 하나 있을 수 있는 사고를 대비하기 위하여 시험 절차도 까다롭고 복잡하게 진행된다. 이러한 전기 제품을 만들기에 더욱 정성을 다하여 제작하고 제품의 품질 기준을 스스로 높여야 한다.

또한 품질 관리는 회사가 직접 운영하는 공장뿐 아니라 부품을 제조해 공급하는 협력 업체의 품질까지도 철저하게 관리해야 한다. 품질 담당 임직원을 중심으로 모든 공장 책임자가 자신의 명예를 걸고 더 엄격한 관리를 통해 최고의 품질 수준을 양보 없이 만들어 나가는 것이 필요하다. 언제나 느끼는 것이지만, 공장은 회사의 심장이다. 공장의 맥박이 힘차게 뛰어야만 회사가 살아 있는 것이다.

수영을 아예 하지 못하는 사람은 물에서 큰 사고를 겪지 않는다. 수영을 잘하고 자신감이 넘치는 사람이 그 자신감이 자신에게 독이 되어 사고를 당하는 경우가 많다. 작업 현장에서 일하는 한 사람 한 사람이 더 각별하게 주의를 기울여야 하는 이유도 여기에 있다. 회사 또한 안전 설비, 절차, 작업 행위 등을 더욱 꼼꼼히 점검해 나가야 한다. 그렇게 탄생한 HD현대일렉트릭 제품은 '최고의 품질'이라는 자부심 그 자체다.

'무엇인가를 하는 사람'이 만드는 역사

아무리 인공지능과 시스템, 프로세스가 발달했다고 해도 인간의 본성과 정서가 그만큼 달라졌는지는 잘 모르겠다. 경영을 하다 보면 세상에 정해진 것은 아무것도 없고, 일이 예상한 대로 흘러가지 않는다는 것만큼은 확실히 알 수 있다. 경영은 결국 사람이 하는 것이다. 사람을 이해하고 잠재된 역량을 끌어내는 게 경영의 최대 화두라고 해도 과언이 아니다.

영화 〈오펜하이머〉는 원자력이라는 논쟁적인 이슈를 흥미롭게 다루었다. 어려운 과학의 영역을 스크린 위에 생생히 담아 낸 것만으로도 수작이라 할 만하다. 그런데 내가 가장 주목한 것은 과학과 정치의 경계를 넘나드는 주인공의 인간적 고뇌였다.

영화는 묵직한 역사적 사실을 다룬다. 만약에 오펜하이머가 지휘한 원자폭탄 제조라는 인류사적 프로젝트가 성공하지 못했다면 역사는 어떻게 달라졌을까? 그리고 그것의 의미는 무엇일까? 역사에 가정은 없다고 하지만, 인류는 지금과는 사뭇 다른 세상에서 살고 있었을지도 모른다.

영화 속에서 오펜하이머는 제2차 세계대전 당시 미국이 주도한 핵무기 개발 계획인 '맨해튼 프로젝트'를 최선을 다해 성공시킨다. 하지만 무기화된 원자력의 위험성을 알기에 심각한 고뇌를 하면서 국가 간의 추가 개발 경쟁을 막고자 한다. 트루먼 대통령의 말처럼, 폭탄 투하 결정은 과학자가 아닌 정치인이 내렸지만, 그에 따른 인간적인 고뇌는 결국 과학자가 짊어져야 할 숙명이었다. 이러한 고뇌를 '악어의 눈물'로 보는 사람들도 많았지만, 프로젝트 성공 이후 그의 삶이 얼마나 힘들었는지를 생각하면 결코 가볍게 볼 수 없다.

나는 이 영화를 보며 새삼 깨달았다. 역사는 '무엇인가를 하는 사람'이 만들어 가는 것이지, 그가 한 일을 '평가하는 사람들'이 만들어 가는 것이 아니다. 오펜하이머의 행위와 삶은 '무엇인가를 하는' 것이었다. 그 무엇이 역사의 물줄기를 만들었고, 그를 비난하거나 칭송하는 사람들의 말 폭탄은 역사의 물줄기를 바꾸지 못했다.

역사에서 무언가를 한다는 것은 설레면서도 압박을 감수해야 하는 일이다. 경영도 마찬가지다. 기업은 미래를 바라보고 성장을 기대하며 설레는 동시에 실적의 압박에 시달린다. 이런 압박에도 불구하고 역사나 경영은 무엇인가 하는 사람, 즉 실행하는 사람들이 이끌어 간다.

〈오펜하이머〉를 보면서 20년 전의 일이 떠올랐다. 당시 전북 부안에서 방폐장(방사성폐기물 처분장) 부지 선정을 둘러싸고 치열한 사회적 갈등 상황이 벌어지고 있었다.

원자력을 평화적으로 이용하기 위해서는 그 폐기물을 안전하게 처리할 방폐장이 필수적이다. 방사성폐기물은 인류의 안전한 삶을 위협할 수 있는 잠재적 위험을 지닌 물질이기 때문이다. 이런 이유로 역대 정부는 오랫동안 방폐장 건설을 추진했지만 번번이 실패했다. 누구도 자기 지역에 방폐장이 들어서는 것을 원하지 않았고, 원자력 발전에 대한 인식 차이 또한 너무나도 컸기에 사회적 공감대를 형성하기가 거의 불가능했다.

부안에서 어려움을 겪은 다음 해인 2004년이 되자 정부는 새로운 돌파구를 찾아야만 했다. 새롭게 출발한 우리 팀은 방폐장 사업을 원점에서부터 다시 시작했다. 무엇보다 지역 주민의 동의가 없으면 방폐장 건설이 불가능하다는 사실을 확인했다.

오랜 기간 실패를 거듭한 일을 다시 추진한다는 것은 처음 시도할 때보다 훨씬 더 어려운 과정을 거쳐야 한다. 정부 부처 간의 서로 다른 의견을 조정하여 유치 지역에 대한 지원 규모를 정하는 일, 안전성을 확보하기 위하여 전문가들의 의견을 모으는 일, 유치 희망 지역과 협의하여 공정한 부지 선정 절차를 만드는 일, 방폐장의 필요성을 국민에게 설명하고 공감대를 형성하는 일 등 모든 과정이 어느 하나 쉬운 일이 없었다.

어려움을 돌파하지 못하면 역사는 앞으로 나아가지 못한다는 마음가짐으로 우리 팀은 하나하나 문제를 풀어나

갔고, 마침내 2005년 11월 2일 민주적 절차에 따라 방폐장 부지가 경주로 결정되었다. 적어도 투표 결과가 나온 그날만큼은 모두가 승자였고, 오래 묵은 갈등이 해소되는 것 같았다. 개인적으로도 인생에서 각별하게 감격스러운 날 중의 하나였다.

하지만 아직 해결하지 못한 과제가 많았다. '사용후핵연료'로 대표되는 고준위폐기물 처분장을 마련해야 할 뿐 아니라, 원자력을 둘러싼 서로 다른 의견의 차이를 좁혀 가는 일도 남아 있었다. 원자력에 대해서는 안전하게 관리할 수 있다는 과학 기술자의 견해와 온실가스 배출이 없는 에너지원이라는 긍정적인 견해가 있지만, 체르노빌과 후쿠시마 사고로 대표되는 불안감과 폐기물 처분의 불확실성이라는 부정적인 측면이 병존한다. 전 세계적으로 논쟁과 갈등은 끊이지 않지만, 문제 해결을 향한 진전은 좀처럼 이루어지지 않고 있는 형국이다.

원자력의 평화적 이용에 있어서 한 가지 분명한 것은 우리 세대가 누리는 편익의 대가로 발생하는 폐기물을 다음 세대로 넘기지 않아야 한다는 점이다. 그런 의미에서 원자력은 세대 내의 갈등을 넘어 다음 세대인 아들 손자와 대화할 수 있는 용기가 있어야 풀어나갈 수 있는 과제다. 인류는 힘을 모아 원자력이라는 숙제를 풀기 위해 노력해야 하며, 그 일을 올바르게 수행함으로써 역사를 앞으로 나아가게 해야 한다.

오펜하이머가 한 일을 옳고 그름으로 평가하는 것은 각자의 몫이겠지만, 그가 무엇인가를 했기에, 그것도 잘 했기에 인류의 역사가 앞으로 나아갈 수 있었다는 것을 일하는 모든 사람이 마음속에 기억했으면 좋겠다.

심리적 안정감이 중요한 이유

스페인의 '산티아고 가는 길'을 걸었던 적이 있다. 하루에 30킬로미터를 걷는 일은 힘들었지만, 오롯이 자신만의 몫이었다. 걷는 자들 모두 자신의 육체와 정신력으로 버텨야 하는 여정이지만, 이 길에는 이기고 지는 승부가 없다. 누가 빨리 걷는지를 따지지도 않는다. 잘 걷고 못 걷고는 전혀 중요하지 않다. 모두가 각자의 길을 걸어갈 뿐이다.

그러나 길을 걷다 보면 옆에서 더불어 걷는 사람이 큰 힘이 되기도 한다. 동시대를 살아가면서 비록 서로 다른 사연을 지니고 있지만 같은 순례길을 걷고 있다는 사실만으로도 하나의 공동체라는 공감을 느끼게 되는 것이다. 그래서 **소속감은 일차적인 욕구 못지않게 중요하다. 인생은 혼자이면서도 더불어 같이 걷는 길이다.**

소속감은 1차적 공동체인 가족 안에서만 중요한 것이 아니다. 회사와 같은 2차적 공동체에서의 소속감 또한 무척 중요하다. 이 소속감이 심리적 안정감을 가져오기 때문이다.

하버드 경영대학원 교수 에이미 에드먼슨(Amy C. Edmondson)은 자신의 저서 《두려움 없는 조직(The Fearless Organization)》에서, 두려움 없는 조직이 되기 위해서는 조직원들이 심리적 안정감을 느껴야 한다고 강조한다. 조직원들이 심리적 안정감을 가지면 침묵의 굴레에서 벗어나 과감하게 자신의 의견을 표현하게 되고, 업무에 대한 몰입도 또한 높아지기 때문이다.

오늘날의 조직과 사회는 경쟁의 시대를 살아간다. 경

제와 기술, 정치와 환경 모든 영역이 복잡하게 얽혀 있다. 그럴수록 우리는 더욱더 질문하고, 성찰하며, 실패로부터 배우는 능력을 키워야 한다. 진정으로 위험한 것은 질문하지 않는 태도이며, 배움을 포기하는 문화다. 부끄러워해야 할 것은 과거가 아니라 현재의 침묵이다.

심리적 안정감을 구축하기 위해서는 실패를 용인하는 분위기, 조직원의 자발적 참여가 활성화된 조직 문화, 그리고 모두가 생산적으로 반응하는 공감대가 필요하다. 조직을 '공통의 목표를 달성하기 위해 함께 일하는 곳'이라고 정의한다면 조직 문화는 '일하는 방식'을 의미한다. 기업이라는 조직에서는 CEO가 끊임없이 기업의 목표를 고민하고, 조직원들과 적극적으로 소통해야 한다.

현대 사회의 기업은 이익의 극대화라는 자본주의 초기의 목표 그 이상의 더 넓고 큰 목표를 가져야 한다. 그리고 그러한 목표에 대한 공감대 아래에서 조직원 상호 간의 긴밀한 소통이 끊임없이, 투명하게 이루어져야 한다.

기업이 직원을 단순한 월급쟁이로 취급하고, 직원은 회사를 생계의 수단으로만 여긴다면, 밝은 미래를 기대할 수 없다. 경영진과 직원 모두가 회사의 주인으로 생각하고 행동하는 기업만이 살아남을 수 있는 시대다. 기업의 모든 임직원이 심리적 안정감을 가지고 의사 결정에 참여하는 조직 문화가 만들어질 때야 비로소 두려움 없는 조직이 될 수 있다. 조직의 리더라면 이러한 조직 문화를 만들기 위해 노력해야 한다.

실패를
드러낼 수 있는 조직

내가 2004년과 2005년에 걸쳐 추진했던 방폐장 부지 선정 사업은 여러 가지 시사점을 남겼다.

2003년 전북 부안에서 터진 갈등은 단순한 기술 문제를 넘어 사회적 신뢰의 위기를 보여 주는 사건이었다. 워낙 첨예하게 맞서다 보니 말 한마디에도 민감하게 반응할 정도로 갈등이 최고조에 다다랐다.

이런 상황에서는 그 누구도 쉽게 말을 꺼내지 못한다. 하물며 실패는 언급조차 하지 못하는 분위기였다. 그러나 리더라면 실패에 대해 열려 있어야 한다. 실패를 감추면 실패의 이면을 보지 못한다. 결국 같은 실수와 실패를 반복할 수밖에 없다.

'부안 사태'라고 불리는 이 사회적 갈등의 결과, 우리는 2004년부터 사업을 원점에서 다시 시작했다. 원점에서 다시 시작한다는 것은 문제의 근원과 실패의 원인을 열어 놓고 정면으로 바라보겠다는 의미였다. 예컨대 "주민들은 왜 불안해하는가?", "우리는 절차적으로 무엇을 놓쳤는가?", "신뢰를 회복하려면 무엇을 바꾸어야 하는가?"와 같은 질문을 던지며 솔직한 의견을 주고받았다.

문제의 근원을 해결하려는 방식으로 접근했던 것은 유효했다. 부안에서 정부는 방폐장처럼 주민들이 기피하는 시설을 유치하는 지역에 지원금 3,000억 원과 한수원 본사 이전 등의 보상을 약속했다. 이전과 비교하면 파격적인 보상이었기에 지역 주민이 당연히 받아들일 것이라 생각했다.

하지만 이러한 기대 속에서 정작 주민들의 불안감에 공감하지 못했고, 주민 동의를 받는 절차 또한 부족했다는 점을 뒤늦게 반성하게 됐다. 국민 참여를 상징처럼 내세웠던 당시 정부로서는 뼈아픈 경험이었다.

이후 우리는 이러한 부족함을 겸허히 받아들이면서 새로운 절차를 준비하기 시작했다. 새로운 절차의 핵심은 주민투표를 도입하여 지역민의 참여를 필수 조건으로 삼는 것이었다. 물리적 안전성이 확인된 복수의 지방자치단체로부터 신청을 받고 이 중에서 부지 유치에 동의하는 찬성률이 가장 높은 지역을 선정하기로 했다. 이러한 절차는 모두 사전에 공개되고 투명하게 진행되었다. 그 결과 최종적으로 경주가 부지로 선정되었고, 지금은 방폐장이 완공되어 가동 중이다.

2년에 걸친 부지 선정을 추진하면서 결과보다 더 의미 있었던 것은 구성원 모두가 실패를 인정하고 다시 시도할 수 있는 환경을 만들었다는 점이다. 에이미 에드먼슨은 이를 '학습하는 조직'의 핵심 조건으로 설명한다. 실패한 프로젝트를 마주했을 때, 그것을 개인의 무능력으로 몰아세우는 것이 아니라 무엇이 잘못되었는지 함께 파악하는 집단적 점검의 태도가 필요하다.

조직은 구조적으로 실패가 드러날 수 있도록 설계되어야 한다. 단순한 보고 체계를 넘어 구성원이 안심하고 말할 수 있는 문화와 리더의 태도가 중요하다. **리더는 "내가 틀릴 수 있다"고 말할 수 있어야 하며, 구성원은 "이 방식은 위험할 수 있습니다"라는 말을 망설이지 않아야 한다.** 이것이 바로 하모나이저 조직 문화의 출발점이다.

기업 경영에서도 마찬가지다. 어떤 프로젝트가 실패했을 때, 이를 개인의 무능력으로 돌리고 끝내는 조직은 반드시 같은 실패를 반복한다. 실패를 감추려고 보고가 왜곡되고, 문제는 점점 더 커진다. 반면, "왜 실패했는가?"라는 질문을 조직 전체가 함께 고민할 수 있을 때, 실패는 조직을 한 단계 성숙하게 만든다. 실패를 투명하게 꺼낼 수 있는 조직은 언제나 다음 기회를 준비할 수 있다.

다름을 인정하는 문화

조직은 사람들의 모임이다. 그리고 그 사람들은 각자 다른 경험, 사고, 가치를 지닌 존재들이다. 한 사람 한 사람은 저마다 다른 음색을 지닌 악기와도 같다. 이들을 억지로 같은 리듬, 같은 높이로 맞추면 단조롭고 경직된 소리만 날 뿐이다. 그러나 그 차이를 그대로 살리면서 조화를 이루면, 오케스트라처럼 풍성하고 깊이 있는 소리가 만들어진다. 이 차이를 억누르고 일률적으로 만드는 것이 아니라 공존하고 충돌하면서 배우는 방식으로 운영될 때 진정한 성장의 기반이 마련된다. 하모나이저 조직 문화는 바로 그 '차이의 관리'에 능숙하다.

회사의 회의실을 떠올려 보자. 상무, 대리, 사원, 인턴이 함께 앉아 의견을 나눌 때, 직급에 상관없이 자유롭게 이야기하는 분위기와 그렇지 않은 분위기는 조직 문화의 수준을 극명하게 보여 준다. 한 IT 스타트업은 매주 '레벨 프리 회의'를 진행한다. 회의실에서 이름표에는 직급 대신 닉네임만 붙인다. 대표와 인턴이 같은 위치에서 발언하고, 결정된 안건은 '누가 말했는가'가 아니라 '무엇이 옳은가'에 따라 채택된다.

심리적 안정감이 보장되지 않으면 다름은 억압되고, 아이디어는 사라진다. 반면, 다름이 존중받는 환경에서는 놀라운 창의성이 발현된다. 문제 해결 방식도 다양해지고, 위기 대응력도 강해진다. 심리적 안정감은 '말해도 괜찮다'라는 신호다. 구글은 연구를 통해 최고의 팀을 만드는 요소로 '심리적 안정감'을 가장 먼저 꼽았다. 성과보다 더 중요한 것은 팀원 각자가 자신의 생각을 자유롭게 말할 수 있다는 믿음이었다.

하모나이저 문화는 사소한 제도와 관행에서 시작된다. 회의 중 이견을 제시한 사람에게 "고마워요"라고 말하는 리더, 다수가 지지하지 않더라도 의미 있는 제안을 끝까지 경청해 주는 부서장, 다양한 배경을 가진 사람들로 구성된 프로젝트팀이 흔한 조직일수록 관용의 뿌리가 깊다. **다양성은 그 자체로는 힘이 아니다. 다양성을 통합하는 리더십과 문화가 있을 때 비로소 조직의 경쟁력이 된다.**

'다름'을 경쟁력으로 바꾸는 건 기계적인 '다양성 비율'이 아니라 그 다름이 실제로 작동하도록 만드는 '문화적 설계'에 달려 있다. **조직은 다름을 인정하고, 이해하며, 결국 협력으로 이끌어 가는 힘을 길러야 한다.**

그러기 위해선 단지 인사제도만 바꿔서는 안 된다. 사람들의 '경험'을 바꿔야 한다. 회의실, 복도, 점심 자리, 이메일, 피드백 시스템 등 조직의 모든 접점에서 하모니가 흐르도록 설계되어야 한다.

다름을 인정하는 문화는 큰 구호가 아니라 작은 '습관의 설계'에서 시작된다. "잘 들었습니다"라는 한마디, 이견을 적은 쪽지에 "읽어 볼게요"라고 답하는 리더의 반응, 회식 자리에서 마지막 잔을 권하지 않는 배려가 그것이다. 수많은 작고 구체적인 경험이 모여 신뢰의 문화를 만든다.

하모나이저 조직은 결국 다름을 장점으로 바꾸는 기술을 실천하는 공간이다. 그 기술은 구조적 철학이 아니라 관계의 감각에서 나온다. 타인의 관점을 인정하는 연습, 듣는 데 시간을 쓰는 태도, 나와 다른 배경을 환대하는 문화가 모여 조직을 하나의 하모니로 엮는다. 다름은 위협이 아니라 기회다. 각기 다른 톤으로 연주되는 선율들이 만나 화음을 이룰 때, 조직은 하나의 강력한 메시지를 세상에 들려줄 수 있다. 그것이 하모나이저 조직이 가진 힘이다.

공감과 신뢰,
조직의 접착제

조직 문화의 중심에는 결국 사람이 있다. 제도가 아무리 잘 설계되어 있어도 사람이 서로를 신뢰하지 않으면 작동하지 않는다. 하모나이저는 공감과 신뢰의 관계를 조직의 중심축으로 삼는다.

공감은 리더의 말과 행동에서 출발한다. 위기 상황에서 감정을 솔직하게 나누고, 실수를 인정하고, 성과를 함께 기뻐하는 문화가 신뢰를 쌓는다. 공감은 단순한 감정의 공유가 아니라 관계의 윤활유다. 그것은 조직이라는 정교한 기계를 움직이게 하는 보이지 않는 동력이다. 기름칠 없는 기계가 삐걱거리듯이 공감 없는 조직은 성과를 내기 어렵다.

리더는 공감의 문을 여는 사람이어야 한다. 단지 업무 지시를 전달하는 역할을 넘어 구성원의 감정과 동기를 이해하고 존중하는 태도를 갖춰야 한다. 특히 팬데믹과 같은 위기 상황에서는 리더의 감정적 진정성이 조직 전체의 분위기를 좌우한다.

2020년, 에어비앤비 CEO 브라이언 체스키는 대규모 해고를 단행하면서 직접 작성한 진심 어린 편지를 전 세계 직원들에게 보냈다. 이 일은 직원들의 잘못이 아니라고 밝히며 상황을 숨기지 않았고, 구체적인 지원책과 애정 어린 작별 인사를 전했다. 이후에도 그는 투명성과 인간적인 접근으로 높은 신뢰를 유지하며 회사를 재건해 냈다.

"괜찮다"는 말 한마디보다 진심으로 "어렵지? 그래도 같이 해 보자"는 말이 훨씬 큰 힘이 된다. 하모나이저 리더는 이러한 감정의 뉘앙스를 인지하고 실천에 옮기는 사람이다. 진심은 전달된다. 메일의 한 줄, 회의 중의 눈빛, 휴게실에서의 짧은 대화가 공감을 이끄는 작은 순간들이다. 하모나이저 리더는 이 작은 진심을 조직에 흘려보내는 존재다.

 신뢰는 단 한 번에 생기지 않는다. 지속적인 일관성과 투명한 행동, 실수를 용납하는 포용력, 성과에 대한 정당한 보상 등이 하나로 연결될 때 신뢰는 조직의 공기처럼 스며든다. **신뢰는 일회성 이벤트가 아니라 누적된 '정직한 일**

관성'이다. 이는 마치 대기 중 산소처럼 눈에 보이지 않지만, 그것이 사라지면 조직은 질식한다.

하모나이저는 조직원 한 명 한 명이 존중받고 연결되어 있다는 감각을 공유할 수 있도록 만든다. 이 신뢰의 축적은 위기 상황에서도 조직이 무너지지 않게 하는 결정적인 기반이 된다. 넷플릭스는 '자유와 책임'이라는 문화를 통해 상사의 명령 없이도 스스로 움직이는 팀을 만들어 냈다. 이는 리더가 구성원을 믿고, 구성원이 서로를 신뢰하는 구조에서만 가능한 일이다.

구성원 간 신뢰가 축적되면, 지시하지 않아도 움직이는 조직이 된다. 동료 간 피드백도 더욱 솔직해지고, 실수가 생겨도 덮지 않고 함께 해결하려는 문화가 자리 잡는다. 이런 문화는 마치 농구팀의 플레이처럼 자연스럽다. 코치가 외치지 않아도 선수들은 서로의 눈빛을 읽고 즉각 반응한다. 각자 다른 포지션이지만 공통의 목표로 움직이는 '신뢰 기반의 즉흥성'이 작동하는 것이다. 이러한 조직은 외부 환경의 변화에도 흔들리지 않고, 내적으로도 끈끈한 연대감을 유지한다. **결국 관용의 조직 문화는 공감**

과 신뢰라는 접착제로 단단하게 굳어진다.

구성원이 자신의 정체성과 목소리를 숨기지 않고 드러낼 수 있는 환경이 마련될 때, 비로소 조직은 진정한 의미의 다양성과 통합을 구현할 수 있다. 그리고 그런 조직만이 빠르게 변화하는 환경에서도 흔들리지 않고 지속 가능한 성장을 만들어 낼 수 있다.

공감과 신뢰는 조직 문화의 접착제다. 그것은 구성원들의 다름을 한 방향의 힘으로 엮고, 그 힘은 위기 속에서도 조직을 부러지지 않는 유연한 구조로 만든다. 하모나이저 리더십은 결국 그 보이지 않는 접착을 설계하는 기술이다.

세월이 흘러도
절대 변하지 않는 가치

2022년 7월에 현대중공업 그룹(HD현대 그룹의 전신)의 신입사원 160여 명을 대상으로 특별 강연을 한 적이 있다. 사회생활을 처음 시작하는 신입사원들 앞에서 강단에 선다는 것은 주제 선정부터 강의 방식까지 쉽지 않은 신선한 도전이었다. 특히 MZ라는 새로운 세대와의 소통이 중요한 시대이기에 그 부담은 더욱 컸다. 세대 간의 생각의 차이는 언제나 있었지만 현재 한국 사회는 그 간극이 최고점에 다다른 것 같다.

20년 전만 해도 평생직장이라는 생각이 주류였다면 오늘날은 언제든지 그만두고 인생 항로를 바꿀 수 있다고 생각하는 시대가 되었다. 하지만 세상이 아무리 빠르게 변해도 인간에게는 변하지 않는 가치가 있다고 믿는다. 그것이 무엇인지는 사람마다 조금씩 다르겠지만, 내게는 '성실함', '남을 위한 배려', '겸손함'이다.

삶의 소명을 찾는 일은 결코 쉽지 않은 일이다. 오른손 손가락 다섯 개를 모두 펴고 흔들며 묻는다. "이 사과나무에는 배가 몇 알 열렸을까요?" 무심코 손가락을 바라보던 사람은 다섯 개라고 대답할 수도 있지만, 사과나무에 배는 열리지 않는다. 사과나무는 사과를 맺을 소명을 가지고 태어난 존재다.

인간 또한 자신에게 주어진 소명이 있다. 그것이 무엇

인지를 인지하는 일이 가장 먼저다. 내가 맺어야 할 열매가 무엇인지를 확실하게 인지한 뒤에야 그것을 향한 성실한 노력이 가능해진다. 하루하루의 성실함으로 노력의 그릇을 채운 다음에는 그러한 최선의 노력으로도 부족한 부분이 있음을 인정하는 겸손함이 필요하다.

어떤 일을 바라보는 시각(perspective)은 상황과 입장에 따라 변한다. 이러한 변화 속에서도 그 밑바닥에 흐르는 변하지 않는 진리의 본성을 찾을 수 있어야 한다. 그리고 그러한 본질적 진리를 변함없이 일관되게 유지하기 위한 노력이 필요하다. 겸손함만이 우리를 그렇게 살 수 있게 한다.

그날의 강연에서 신입사원들에게 각자 자신의 변하지 않는 가치를 찾아내서 그것을 끝까지 붙잡고 가기를 바란다고 당부했다. 회사는 일을 위해 모인 공동체다. 조직 안에서 세대와 계급을 뛰어넘는 공통의 가치를 지키며 함께 성장해 나가길 바란다.

세상을 놀라게 하라

앞에서도 언급했던 젠틀 몬스터는 월드 스타들이 사랑하는 명품 아이웨어 브랜드다. 2011년, 한 영어 캠프 회사의 신사업으로 창업된 이 브랜드는 선글라스 등의 안경 제품을 만드는데, 그 접근 방식이 여러모로 독특하다.

우선 이름의 의미를 보자. 모든 사람이 신사적으로 행동하며 살아가고 있지만, 마음 한구석에는 남과 다르게 보이고 싶은 몬스터적 욕망이 있다고 한다. 이런 점에 착안한 이 회사 안경의 디자인은 파격과 도발을 주제로 하여 우리 마음속에 숨어 있는 욕망을 자극한다.

평범한 디자인으로는 이미 포화 상태에 이른 안경 시장에서 살아남기 어렵다고 본 젠틀 몬스터는 "세상을 놀라게 하라"는 경영 철학으로 기업 가치가 1조 원이 넘었고, 현재 전 세계 30개국에 진출하고 있다.

이 회사의 경영 철학은 한 번쯤 곱씹어 볼 만하다.

물론 세상을 놀라게 하기 위해서는 제품이나 서비스의 품질과 가격이 경쟁력이 있어야 한다. 내부에서 변신을 준비하고 실력을 단단히 쌓아간다면, 그리고 세계 최고가 되겠다는 비전을 간직하고 있으면, 언젠가는 세상이 놀랄 만한 일을 할 기회가 열릴 것이다.

혁신과 팀워크

현대 사회의 기업은 저마다 미션과 비전을 세우고 있다. 미션과 비전은 대부분 기업이 추구하는 가치의 방향을 제시한다. 기업의 가치는 제품이나 서비스의 품질뿐만 아니라 고객과의 관계, 사회적 책임까지 함께 아우른다. 예를 들어 고객과의 관계를 중요하게 여기는 기업은 정직한 비즈니스 활동과 신뢰를 추구할 수밖에 없다. 또 제품과 서비스의 품질을 최우선으로 하는 기업은 품질 관리의 경쟁력을 갖추려 최선을 다한다.

이 모든 것을 가능하게 하려면 끊임없는 혁신과 팀워크가 필요하다. 혁신은 기업이 변화에 능동적으로 적응하는 것만 뜻하지 않는다. 불확실한 미래에 대비하기 위한 노력이기도 하다. 물론 말로만 혁신을 외친다고 저절로 변화에 적응하고 미래를 대비할 수 있는 것은 아니다. 연구개발, 기술혁신, 품질 관리 등을 통한 경쟁력 향상이 뒤따라야 한다. 그런데 이러한 혁신은 팀워크, 즉 조직 문화와 깊은 관련이 있다.

팀워크를 강조하는 조직 문화는 협력과 소통을 통한 효율적인 업무 수행을 우선으로 한다. 이것이 중요한 이유는 조직 내부의 역량을 최대한 발휘하게 하고, 창의성을 키울 수 있는 기반이 되기 때문이다.

이렇게 회사가 추구하는 가치가 뚜렷해야 구성원들도 자신이 왜 일을 하는지, 자신의 업무가 왜 중요한지를 깨달을 수 있다. 그럴 때 비로소 매일의 출근과 퇴근이 기계적인 반복이 아니라, 의미 있는 여정으로 바뀐다.

불확실성이 일상이 된 시대에서 조직은 방향을 묻고 리더는 결정을 요구받는다. 그러나 진정으로 중요한 것은 얼마나 빨리 실행하느냐가 아니라 얼마나 바르게 판단하느냐이다. 바른 판단은 '생각을 생각하는' 메타인지에서 출발한다. 자신이 무엇을 알고, 무엇을 모르는지를 분별하고 감정과 판단의 경계를 조율하는 능력이 절실히 요구된다.

하지만 판단만으로는 부족하다. 그 판단을 밀고 나가는 힘, 실행력이 뒷받침돼야 조직은 움직인다. **하모나이저 경영은 바로 이 성찰과 실행의 균형을 추구한다. 리더는 끊임없이 자신을 되돌아보고, 조직은 실천을 멈추지 않는다.** 생각을 고치는 힘과 행동을 끌어내는 용기. 이 둘이 하모나이저 조직을 진정으로 강하게 만든다.

회사는 단순한 생계의 수단이 아니다

프랑스 작가이자 아카데미 프랑세즈 최초의 여성회원인 마르그리트 유르스나르(Marguerite Yourcanar)는 소설 《하드리아누스 황제의 회상록》을 통해 로마시대 5현제 중 하나인 하드리아누스 황제를 생생히 그려냈다. 이 위대한 황제는 소설 속에서 여러 가지 인간적인 모습으로 되살아난다. 하지만 역사에 남은 정치 지도자로서의 위대함은 로마가 오랜 기간 유지하던 영토 확장정책을 폐기하고 로마 문명을 전 유럽에 정착시키기 위한 평화 정책을 주창하여 새로운 시대정신을 열어간 데 있다.

그의 통치 철학인 인간다움(Humanitas), 행복(Filicitas), 자유(Libertas)는 "로마를 돌로 이루어진 형체에서 벗어나 국가, 시민, 공화국이라는 가치로 형성된 불멸의 문명으로 전환시켰다"라는 평가를 받는다. 오늘날 우리가 말하는 자유, 민주, 공정, 인권 같은 가치들도 그 본질에 있어서는 하드리아누스의 로마가 추구했던 가치와 크게 다르지 않다. 기업이 추구하는 가치도 비슷하다. **혁신과 도전, 그리고 존중과 안전은 그 자체가 목적이 되는 기업의 핵심 가치다.**

이렇게 국가의 지도자뿐만 아니라 회사의 사장도, 한 가정의 가장도 비슷한 상황에 있다. 우리가 추구하는 가치는 공동체의 구성원들이 서로를 존중하면서 공동체의 목표를 달성하는 것은 물론이고, 그러한 협력과 공동의 노력으로 소속된 조직원 모두가 더 행복한 삶을 만들어 나가는 것이다.

당신이 다니는 회사는 단순한 생계의 수단이 아니다.

만약 이러한 생각에 갇혀 있다면, 당신과 당신이 속한 조직은 더 이상 성장하지 못한다. 지속 가능한 회사는 단순히 이윤을 지속적으로 낸다는 의미만을 내포하지 않는다. '지속 가능'의 의미에는 이윤을 뛰어넘는 또 다른 가치가 있다.

회사는 당신의 삶의 터전이자 당신 가족이 자랑스러워하는 공동체다. 동료는 당신의 또 다른 가족이다. 회사 전체가 힘을 합해 인간다움과 행복과 자유를 만들어 간다면 회사의 경영 성과는 결국 당신 곁에 있을 것이다.

집단지성의 힘을 믿는 유연함

HD현대일렉트릭은 임직원의 헌신적인 노력과 뜨거운 열정 덕분에 지속적인 성장을 이어가고 있다. 그러나 회사가 놀라운 실적을 올린 바로 그 시점에 안주하면 안 된다. 이 성과를 어떻게 '내일의 씨앗'으로 만들 것인지를 고민해야 한다. 회사의 미래를 위해서는 시장의 다양한 변화에도 불구하고 회사가 안정적으로 운영될 수 있는 균형잡힌 사업 포트폴리오가 필요하다. 또한 새로운 시장을 개척해야 하며, 이를 뒷받침할 획기적인 기술력을 확보해야 한다.

누구도 미래를 확실하게 예측할 수는 없다. 하지만 집단지성의 지혜를 잘 모아서 미래를 전망한다면 가장 가능성 있는 대안을 마련할 수 있을 것이다. 이러한 준비 과정에서 꼭 필요한 것 하나를 뽑으라면 유연한 사고방식이라고 말하고 싶다. 꼰대는 되지 말자는 말이다. 특히 의사결정을 목표로 하는 논의에 임할 때 그러하다.

내가 보기에 꼰대는 고루한 사고방식을 가지고 있는 사람이 아니라 자기 생각 바꾸기를 거부하는 사람이다. '벌거벗은 임금님' 우화에 나오는 임금이 바로 꼰대다. 그는 비록 처음에는 속아서 벌거벗고 행진을 했을 수 있지만, 사람들이 수군거리는 소리를 들은 그때라도 옷을 입었다면 '꼰대'가 아닐 수 있었다. 하지만 다른 사람의 의견을 듣지 않고 끝까지 벌거벗은 채로 행진했기에 '꼰대'가 된 것이다.

회사의 의사소통 과정도 마찬가지다. 자기와 다른 의견을 경청하고 자기의 본래 생각을 바꿀 수 있는 유연한 태도가 필요하다.

담대한 마음으로
힘 빼고 함께 가기

과거 우리는 누군가에게 어떻게 보이는지 그리고 어떤 평가를 받는지가 중요하다고 생각했다. 하지만 새로운 시대에는 이러한 외부 평가보다는 자기 자신에게로 눈을 돌려서 스스로가 만족하는 것이 더욱 중요하다고 생각하는 경향으로 변화하고 있다. 정해진 목표를 달성하기 위하여 오늘을 희생하기보다, 지금 이 순간의 삶에서 행복과 편안함을 찾는 것이 더 중요해진 것이다. 이러한 세대의 변화와 회사 경영은 어떤 관계가 있을까?

가난에서 벗어나지 못한 개발도상국은 어떻게 하든 국가 경제를 발전시키는 것이 최우선 과제였다. 개인은 자신의 일상과 시간을 희생하면서라도 더 많이 일하고 더 열심히 노력하는 것이 미덕이었다. 국가는 경제 개발 계획을 잘 수립하고 국가의 자원을 효율적으로 배분하여 경제를 성장시키는 역할을 해 왔다.

하지만 이제 시대가 달라졌다. 많은 이들이 개인의 행복을 추구하는 상황으로 변화했다. 많이 사용되는 용어인 '워라벨(Work and Life Balance)'은 일과 삶의 균형이 있어야 함을 의미한다. 근무 시간에는 열심히 일하지만, 근무가 끝난 후에는 가족과 친구와 지인들과 행복한 시간을 갖고 싶어 한다.

대다수 기업이 ESG 경영을 선언하고 조직 문화를 유연하게 바꾸기 위한 다양한 프로그램을 가동하는 것도, 새로운 세대의 기대에 부응하기 위함이다. 조직원이 행복하지 않고, 회사에 공감하지 않는다면 기업의 중장기적인 발전을 도모하기가 어려워진 현실을 반영한 것이다.

생각해 보면 삶과 일의 균형을 찾는 일은 무작정 열심히 일만 하는 것보다 더 어렵다. 회사의 이익을 극대화하는 것을 넘어서 새로운 세대가 요구하는 조직원의 행복까지 실현해야 하기 때문이다. 회사가 이익을 창출하는 것은 기업 활동의 기본이다. 이익을 창출하지 못하는 회사에서는 유연한 조직 문화도, 조직원의 행복 추구도 할 수가 없다.

하지만 이익을 창출한다고 해서 다른 노력 없이 행복한 회사가 될 수도 없다. 조직의 행복을 위해서는 이익 창출을 위한 노력 못지않은 험난한 과정이 필요하다. 이익 창출과 더불어 모두가 일하고 싶은 조직으로 만들어야 하기에 경영이 어려운 것이다.

조직원이 행복한 회사를 만드는 시대정신은 경영진의 의지나 조직원의 노력만으로 완성되지 않는다. 이러한 회사를 만들기 위해서 필요한 것이 무엇일까?

나는 회사에서 일어나는 모든 일을 상세하게 공개하는 투명한 소통이 그 시작이라고 본다. 잘되는 일은 잘되는 대로 어려운 일은 어려운 대로 모두가 함께 알고 있어야만 리더와 조직원이 같은 방향을 향해 새로운 길을 모색할 수 있다.

아울러 다음과 같은 아주 기본적인 마음가짐 또한 필

요하다. '다른 사람의 마음을 소중히 하기', '어려운 상황도 있는 그대로 말하기', '마음을 담담히 하기' 등등. 회사와 개인이 서로 존중하고 힘을 합할 때 다 같이 행복해질 수 있다. 담대한 마음가짐으로 불필요한 힘을 빼고 함께 갈 것을 청한다.

지속 가능한
100년 기업의 꿈

회사 구성원 전체의 인간다움, 행복, 자유를 만들어 간다는 경영 목표를 지향하고 이를 위해 실천하는 조직은 100년 기업으로 성장할 수 있다. 100년 기업의 꿈은 대부분 회사의 바람이기도 하다.

회사 경영이 어려울 때는 모두가 열심히 일하고 많은 것을 참고 양보하는 것으로 합심할 수 있다. 힘이 들어도 회사가 적자를 흑자로 전환하고 안정적인 경영 수익을 내야 한다는 방향성에 대해서 모두가 동의하기에 가능한 일이다. 하지만 회사가 어느 정도 안정되고 더 큰 도약을 준비해야 하는 시점에는 불확실한 미래를 정확하게 예측하고 그에 맞는 대안을 준비해야 한다. 더 깊이 생각하고 더 많이 듣고 더 냉정하게 현실을 판단하고 미래를 대비하는 실력을 키워 나가야 한다.

"두 번의 작은 점프로는 협곡을 건널 수 없다"라는 말이 있다. 우리는 종종 협곡 앞에 선다. 그때마다 과감한 혁신의 변화를 통해 크게 점프하여야만 무사히 협곡을 건널 수 있다. 그렇게 해야만 회사를 100년 기업으로 만들 수 있다.

나는 HD현대일렉트릭을 지난 50년간 쌓아온 영광스러운 '현대'의 시간을 뛰어넘어 앞으로 '100년을 번영하며 지속 성장하는 행복한 기업'으로 만들고 싶었다. 그러기 위해서 첫 번째 할 일은 앞서가는 기술력을 확보하는 것이었다. 대한민국은 훌륭한 생산 기술과 숙련된 노동력을 기반으로 선진국의 문턱에 진입하는 성과를 만들어냈다. 이제는 원천 기술을 보유한 초격차 기술력으로 무장해야 한다. 숙련을 넘어 설계 역량과 품질 경쟁력, 그리고 소프트웨어 기술을 겸비한 인재로 변모해야 한다. 기술력과 고급 인력의 조화가 이뤄질 때, 현대뿐 아니라 어느 회사라도 100년이 넘게 번영하는 기업으로 성장할 수 있을 것이다.

3장

하모나이저의 다섯 가지
실행 엔진
: 균형, 관용, 실천, 창의,
그리고 신뢰

철학은 방향을 제시하지만, 조직은 실행으로 존재를 입증한다. 하모나이저라는 개념이 강한 설득력을 가지려면, 그것이 구호가 아닌 실행의 체계로 전환되어야 한다. 하모나이저 리더십을 구성하는 핵심 원리, 즉 균형, 관용, 실천, 창의, 신뢰는 서로 긴밀히 연동되어 하나의 조직 시스템으로 작동할 수 있어야 한다.

이 원리들은 단순한 특성이 아니라 위기 대응 능력과 혁신 추진력을 동시에 요구하는 현대 조직에 꼭 필요한 생존의 알고리즘이다. 첫째, 균형은 무엇을 버리고 무엇에 집중할 것인지의 문제다. 선택보다 더 어려운 포기를 과감히 결단하고 담대한 집중으로 나아가는 일이다. 둘째, 관용은 다름을 어떻게 에너지로 전환할 것인가의 문제다. 갈등을 연결의 힘으로 바꾸기 위해서는 다양성을 인정하고 그것을 하모니로 끌어내야 한다. 셋째, 실천은 행동하는 조직으로 변모하기 위해 무엇이 필요한가의 문제다. 현장에 답이 있다는 진리를 새기면서 도전을 두려워하지 말고 연대하여 응전하는 조직에 관한 이야기다. 넷째, 창의는 상상력을 기반으로 한다. 상상력은 자유로운 영혼에만 깃든다. 조직은 상상할 때 성장하며 설거지를 하는 사람만이 그릇을 깬다. 마지막으로 신뢰는 성과를 만드는 원천이다. 행복을 함께 나누고 공감하며 좋은 마음을 가질 때만이 좋은 결과가 나타난다.

하모나이저는 단순히 두루두루 좋은 것만을 의미하지는 않는다. 균형, 관용, 실천, 창의, 신뢰의 다섯 가지 실행 엔진을 어떻게 전략화하고, 어떻게 장기적으로 지속 가능하게 만들 것인가, 그 핵심 질문에 대한 답이 바로 하모나이저 리더십의 본질이다.

첫 번째 실행 엔진
― 균형, 전략적 포기와 집중

2023년 초, 한 장의 사진이 사람들의 마음을 울렸다. 아랍에미리트(UAE) 바라카 원전 건설 현장에서 '대한민국 원팀(One Team)'이 환하게 웃고 있었다. 이들은 지난 10년간 황량한 사막 한복판에 세계 최고 수준의 원전을 건설하며 또 다른 '한강의 기적'을 일궈 냈다.

그 사진은 단순한 산업 성과를 넘어, 추격자(Fast Follower)였던 대한민국이 선도자(First Mover)로 진화했음을 상징했다. 더 이상 선진국을 뒤쫓는 것이 아니라 스스로 길을 내고 앞서 나간다는 담대한 전환이었다. 이 사진은 선택과 집중 그리고 담대함의 결정체였다.

이 장면은 단순한 공정 완료의 기록이 아니었다. 전략의 진화를 보여 주는 상징이었다. 과거의 대한민국은 기술과 산업 분야에서 '따라잡기 전략'에 능숙한 나라였다. 그러나 추격자의 시대는 끝났고, 이제는 누구보다 먼저 선택하고, 먼저 위험을 감수하며, 먼저 도전하는 퍼스트 무버의 시대로 접어들었다. 그 **전환의 중심에는 '무엇을 선택할 것인가'보다 먼저 '무엇을 과감히 포기할 것인가'**라는 질문이 자리한다.

선택보다 어려운 포기

"선택과 집중."

기업 회의실과 정부 보고서, 혹은 자기계발서에서 반복되는 이 익숙한 말은 이제 하나의 클리셰가 되었다. 누구나 말은 한다. 선택하고 집중하라고 말이다. 그러나 현실에서 진짜로 선택과 집중을 실현하는 조직은 드물다. 왜일까? 단순하다. 포기하지 않기 때문이다.

집중은 필연적으로 포기를 전제한다. 그러나 우리는 그 포기를 쉽게 받아들이지 못한다. 감정적으로나 심리적으로나 감당하기 어려운 경우가 많기 때문이다.

조직은 과거의 성공을 잊지 못한다. 그 성공이 가져온 자산과 경험, 인력과 자원들이 모두 현재의 정체성과 연결되어 있다고 믿기 때문이다. 하지만 이러한 믿음은 오히려 조직을 정체시키고, 미래로 나아가는 걸음에 족쇄가 된다. 개인도 마찬가지다. 익숙한 스킬, 안정적인 역할, 오랫동안 쌓아온 네트워크를 쉽게 내려놓을 수 없다. 그래서 '선언적 집중'은 많아도 '실질적 집중'은 드물다.

전략은 때때로 정글을 가로지르는 탐험과 같다. 빠르게 이동하려면 짐을 덜어야 한다. 더 멀리 가려면 무거운 도구를 버려야 한다. 그러나 대부분은 '혹시 모르니까'라는 생각으로 모든 걸 짊어진 채 떠난다. 그리고 길도 없는 숲속에서 무너지고 만다. 포기하지 못하면 선택은 방향을 잃고, 집중은 희석된다. **담대한 선택은 결국 '무엇을 버릴 것인가'에서 시작된다.**

2000년대 초반, IBM은 과감히 자사의 상징이었던 PC 사업을 접었다. 그 결정은 내부에서도 거센 반발을 불러일으켰다. 그러나 결과적으로 IBM은 클라우드, 인공지능, 기업 솔루션 중심으로 정체성을 재정의하며 살아남았다. 만약 과거의 성공 경험에 미련을 두었다면, IBM은 빠르게 변화하는 시장에서 뒤처졌을 것이다. 미래를 선택하기 위해 과거를 포기한 이 담대한 결정은 '전략적 포기'의 교과서로 남았다.

하버드 경영대학원의 마이클 포터는 "전략이란 무엇을 하지 않을 것인가를 결정하는 일"이라 했다. 모든 것을 잘하려는 시도는 결국 어느 것도 잘하지 못하는 결과를 낳는다. 여기서 중요한 개념이 바로 '트레이드오프(Trade-off)'다. 기업이든 개인이든, 자원은 한정되어 있다. 시간, 인력, 자본, 집중력. 모든 것을 잘하려는 욕망은 결국 에너지의 분산과 전략의 실패로 이어진다. 전략은 결핍에서 시작되며, 포기는 그 결핍을 직시하는 용기다.

실제로 많은 기업이 제품 라인업을 줄이지 못해 수익성은 물론 브랜드의 정체성마저 잃어버렸다. 일본의 전자업체 샤프가 그 대표적 예다. 지나치게 많은 제품군을 유지한 결과, 집중력이 분산되고 혁신의 힘이 약화되었다.

공공기관도 예외는 아니다. 수많은 정책 과제가 산적한 가운데 우선순위가 명확하지 않으면 실행력이 떨어진다. 구성원은 '모든 일을 잘하라'는 무리한 기대에 지치고, 실제 결과로 남는 것은 분산된 에너지뿐이다. 정책도 결국은 전략이다. 무엇을 먼저 하느냐 못지않게, 무엇을 하지 않겠다고 선언하느냐가 중요하다.

포기의 어려움은 때때로 심리적 저항에서 비롯된다. 우리는 무엇인가를 내려놓는 순간, 그것까지 내 능력의 일부가 아니었나 스스로 의심한다. 하지만 진짜 능력은 '버릴 줄 아는 용기'에서 나온다. **선장이 폭풍 속에서 배의 무게를 줄이기 위해 일부 화물을 버리듯, 리더는 위기 속에서 포기를 선택할 줄 알아야 한다. 그것이 조직 전체의 무게중심을 잡고, 나아갈 방향을 확보하는 유일한 방법이기 때문이다.**

조직의 포기는 곧 방향성이다. 선택은 눈에 보이지만, 포기는 눈에 띄지 않는다. 그러나 진짜 전략은 눈에 보이지 않는 포기에서 나온다. 진정한 리더는 화려한 선택보다 묵직한 포기를 통해 조직을 하나로 모은다. 그리고 그 조직은 집중된 에너지로 더 멀리 나아간다.

담대한 집중이
퍼스트 무버를 만든다

현대 사회에서는 기술의 평준화가 빠르게 진행되고 있다. 단순히 기술을 확보하는 것만으로는 더 이상 경쟁 우위를 확보하기 어렵다. 시장의 변화 속도가 혁신의 속도를 추월하는 시대다. 진정한 경쟁력은 어쩌면 '기술의 앞섬'보다 '결단의 앞섬'에 있다. 퍼스트 무버는 단순히 먼저 만든 사람이 아니다. 먼저 감수하고 먼저 책임지는 사람이다. 담대한 선택과 집중은 퍼스트 무버의 가장 강력한 무기다.

담대한 선택은 벼랑 끝에서 글라이더를 타고 날아오르는 것과 같다. 바람을 믿고 뛰어야만 상승기류를 탈 수 있다. 안전을 고수하면 영원히 이륙할 수 없다. 실리콘밸리 기업들이 세계를 주도하는 이유도 마찬가지다. 이들은 기술력보다 결단력에서 앞선다. 실패를 반복의 일부로 받아들이고, 실패했을 때 책임을 묻기보다는 다음 실험을 어떻게 준비할지를 고민한다. 위험을 감수하는 자세가 조직 문화에 깊이 내재되어 있기에 남보다 빠르게 움직일 수 있는 것이다.

　반면, 변화의 순간에 우물쭈물하는 조직은 기회를 놓친다. 대표적인 사례가 노키아다. 한때 세계 휴대폰 시장의 절대강자였던 노키아는 스마트폰 전환기에서 안드로이드 운영체제를 채택할지를 두고 머뭇거렸다. 결국 기존의 심비안 체제를 고수했고, 그 결과는 시장에서 퇴출되는 것이었다. 선택이 없었던 것이 아니라 포기를 하지 못한 것이 문제였다. 익숙한 성공에 안주한 채 변화를 미뤘고, 결국 혁신의 파고를 넘지 못했다.

이처럼 담대한 집중은 단지 산업 전략에만 적용되는 것이 아니다. 개인의 커리어 설계, 조직의 인재 육성, 정부의 정책 결정 등에도 똑같이 적용된다. 핵심은 명확성이다.

　집중은 더하는 기술이 아니라 덜어내는 기술이다. 잘라내야 깊어진다. 오늘날처럼 변화가 빠른 시대에는 남보다 많이 갖는 것보다, **남보다 먼저 결단하고 먼저 버리는 것이** 더 중요하다. 정체성이 분명한 조직, 방향이 명확한 개인, 목표가 또렷한 정책만이 복잡한 환경 속에서 방향을 잃지 않는다.

　애플은 이 '덜어냄'의 미학을 가장 잘 실천한 기업 중

하나다. 복잡한 버튼 대신 단 하나의 홈 버튼으로, 수많은 기능 대신 직관적인 인터페이스로 승부를 걸었다. '무엇을 더할까'보다 '무엇을 제거할까'를 고민한 결과, 기술보다 디자인이 경쟁력이 되는 흐름을 만들어 냈다. 그 결정의 중심에는 '포기'가 있었다. 애플은 무수히 많은 기능을 넣는 대신, 소수의 핵심에 집중하며 사용자 경험이라는 새로운 질서를 창조했다. 기술보다 태도의 문제였던 셈이다.

결국 리더는 '무엇에 집중할 것인가'를 고민하기 이전에 '무엇을 포기할 것인가'를 먼저 결정해야 한다. 그 포기가 명확할수록 조직의 역량과 자원은 한 방향으로 모인다. 집중은 우연히 만들어지지 않는다. 명확한 선택과 과감한 포기의 결단 속에서 태어난다. 그리고 그 집중이 쌓일 때, 조직은 퍼스트 무버로 진화할 수 있다.

전략의 힘은 선택보다 포기에 있다. 선택은 누구나 한다. 그러나 포기는 담대한 자만이 할 수 있다.

두 번째 실행 엔진
— 관용, 갈등이 곧 성장동력

현대 조직은 끊임없이 갈등과 대립의 한복판에 놓여 있다. 기술 혁신과 글로벌 경쟁, 세대 간 가치 충돌, 사회적 책무에 대한 인식 변화는 조직 내부의 긴장을 고조시킨다. 특히 세대 간 갈등은 더욱 복잡해졌다. MZ세대는 자율성과 수평적 문화를 중시하는 반면, X세대와 베이비부머는 책임과 위계를 강조한다. 이념과 세대, 직무와 가치의 대립은 더 이상 예외가 아닌 일상이 되었다.

그러나 갈등은 반드시 피해야 할 장애물이 아니다. 오히려 그것은 조정 가능한 '에너지'다. 갈등은 관리되고 조율될 때, 새로운 관점과 혁신을 끌어내는 촉매로 작용한다. 결국 중요한 것은 갈등의 유무가 아니라 갈등을 다루는 방식이다. 그리고 그 방식이 바로 하모나이저 경영이다.

하모나이저 경영은 조직의 갈등을 억제하거나 회피하지 않는다. 대신 갈등을 성장의 재료로 삼는다. 상대방의 입장과 감정을 이해하고, 사실에 근거해 결정을 내리며, 때로는 양보하고 때로는 단호하게 방향을 제시한다. **갈등을 조화**

의 동력으로 전환할 수 있는 경영이야말로 오늘날 조직이 요구하는 핵심 역량이다.

갈등을
연결의 힘으로

갈등은 조직의 공기 속에 늘 흐르고 있다. 숨을 들이쉴 때마다 보이지 않게 스며들고, 어느 날 갑자기 큰 숨소리처럼 터져 나온다. 구성원 간의 의견 차이, 부서 간의 이해 충돌, 세대 간의 인식 간극 등은 흔히 볼 수 있는 갈등이다. 이처럼 조직은 항상 대화와 대립의 사이에 놓인다. 이럴 때 리더에게 필요한 것은 승패를 가르는 판단력이 아니라 서로 다른 리듬을 조율할 수 있는 조화의 감각이다.

조화의 경영은 숲의 생태계와 닮았다. 거대한 숲은 하나의 규칙으로 운영되지 않는다. 나무, 동물, 곤충, 물, 햇빛, 바람 그리고 땅속 미생물까지 각기 다른 역할을 하며 조화를 이룬다. 어떤 존재도 모든 것을 통제하지 않지만,

각자의 기능이 잘 작동할 수 있도록 연결되어 있다. 조화의 리더십은 이처럼 다름이 공존할 수 있는 환경을 설계하는 감각이다.

   리더가 해야 할 일은 정답을 미리 정해 놓고 따라오라고 강요하는 것이 아니다. 구성원들이 서로에게 필요한 존재가 되도록 연결을 설계하는 일이다. 마치 수분을 나누는 나무와 벌, 영양분을 순환시키는 토양처럼 말이다. 어떤 조직은 나무처럼 뿌리를 깊게 내리며 성장을 주도하고, 어떤 조직은 풀처럼 외부 변화에 빠르게 반응하며 적응한다. **조화로운 조직은 이 다양성을 갈등으로 보지 않고 기능의 차이로 받아들인다.**

   이러한 생태계는 위기에 더 강하다. 한 종이 사라져도 다른 종이 그 자리를 메우며 균형을 유지하고, 예상치 못한 환경 변화에도 유연하게 적응한다. 이처럼 조화의 리더십이 구현된 조직은 변화에 끌려가지 않고, 변화를 견디며 다시 질서를 만들어 내는 힘을 가진다. 그리고 이때 리더는 드러나지 않아도 되는 존재가 된다. 생태계의 균형이 눈에 띄지 않는 수분, 온도, 영양 흐름의 조절에서 시작되듯이 조화의 경영도 관찰과 배려, 타이밍과 연결에서 시작된다.

　기업에서 일어나는 대표적인 갈등 사례는 본사와 현장 간의 긴장이다. 본사는 전략을 세우고 큰 그림을 그리지만, 현장은 그 그림을 실제로 구현한다. 본사에서는 수치와 방향이 중요하지만, 현장에서는 동선과 피로, 감정과 피드백이 더 절박하다.

　가령, 구조조정 프로젝트가 진행될 때는 갈등이 극에 달한다. 본사에서는 비용 절감이 명확한 목표지만, 현장에서는 생존의 위기로 받아들인다. 수치로는 줄여야 할 인력이지만, 사람으로는 함께 일해 온 동료다.

　하모나이저 경영은 일방적인 결정보다 공감과 신뢰의 과정을 중시한다. 본사와 현장이 함께 참여하는 자리를 가진다거나, 먼저 서로의 입장을 설명하고, 필요한 데이터를 공유하며 대안을 함께 모색한다. 완전한 해법은 아닐지라도 '함께 고민했다'는 감정은 큰 신뢰를 쌓는다. 갈등은 사라지지 않지만, 새로운 연결로 전환될 수 있다. 그것이 하모니의 시작이다.

　하모나이저 경영은 두 가지를 함께 요구한다. 하나는 '관용의 감각'이고, 다른 하나는 '진정성의 태도'다. 관용이란 다양하고 제각각인 모든 관점을 동등하게 바라보는 것이고, 진정성이란 말과 행동의 일치를 뜻한다. 예를 들어, 회의에서 리더가 한쪽의 이야기를 유독 길게 듣는다면, 다른 쪽은 마음이 닫히기 쉽다. 반대로, 자신의 의견과 다르더라도 귀 기울여 경청하는 태도는 상대방의 방어를 풀어낸다. 리더가 관용적인 청취자일 때, 조직은 대화의 가능성을 잃지 않는다.

하모나이저 경영은 유연함과 단호함을 함께 추구한다. 때로는 모든 의견을 수렴하되, 최종적으로는 명확한 결정을 내려야 한다. 이것은 바람개비처럼 흔들리는 것이 아니다. 버팀목처럼 흔들림 없이 받아들이는 것이다. **구성원들이 리더에게 바라는 것은 모든 갈등을 해결해 주는 슈퍼히어로가 아니라, 다름을 존중하고 연결해 주는 조율자다.**

하모나이저 경영은 갈등이라는 물줄기를 연결의 고리로 삼는다. 어떤 조직은 물줄기를 피해 돌아가려다 길을 잃거나, 그 물에 빠져 허우적대다 가라앉는다. 하지만 조화의 경영을 추구하는 리더는 그 물 위에 다리를 놓는다. 그 다리는 누군가에게는 통로가 되고, 누군가에게는 돌아볼 기회를 제공한다. 갈등의 강을 건널 수 있게 해 주는 것이 바로 리더의 조율 능력이다.

미국 항공업계가 극심한 가격 경쟁에 빠지고, 노동조합과의 갈등이 극심할 때, 사우스웨스트항공은 '사람 중심의 조직'을 선언하며 독특한 문화를 만들어 갔다. 이들의 핵심 원칙은 단순하다. "직원이 먼저다. 직원이 만족하면 고객도 만족한다"라는 철학이었다. 결과는 어땠을까? 항공업계가 고비용 구조와 파업으로 고전할 때 사우스웨스트항공은 흑자를 이어갔고, 고객 만족도와 직원 충성도에서도 독보적 성과를 달성했다. 이처럼 조화의 경영은 단순히 좋은 분위기를 만드는 것이 아니라 위기 속에서도 조직이 지속 가능하게 움직일 수 있도록 만드는 시스템적 경영이다.

조직에서 필요한 건 완벽한 해법이 아니다. 서로 다른 생각들이 안전하게 드러날 수 있는 구조, 갈등이 쌓이는 것이 아니라 순환될 수 있는 문화 그리고 그 흐름을 이어 주는 리더의 감각이다. 조화의 경영은 거창한 철학보다 구체적인 실천에서 출발한다. 매일의 작은 대화, 구성원의 사소한 의견 경청, 회의의 어조, 문제 발생 시의 반응 속도 등에서 조화를 추구한다. 이런 사소한 것들이 쌓여 조직의 신뢰를 만들고, 그 신뢰가 갈등을 견디게 한다.

하모니를 이끄는
보이지 않는 힘

경영에서 가장 간과되기 쉬운 요소는 보이지 않는 힘이다. 아무리 정교하게 설계된 전략이 있더라도 그 전략을 실행하는 사람들 사이에 신뢰와 공감이 없으면 실행은 멈춘다. 조직은 시스템이나 프로세스가 아니라 사람의 집합이며, 그 사람들의 감정은 리더의 태도에 따라 움직인다. 진정한 실행력은 숫자가 아니라 분위기에서 나온다.

진정성은 보여 주려 한다고 생기는 것이 아니다. 구성원은 리더의 말보다 행동을, 행동보다 태도에서 진심을 감지한다. 예컨대 회의 자리에서 리더가 자신의 실수를 먼저 인정하고 "내가 더 많이 들었어야 했습니다"라고 말할 때, 구성원은 '이 사람 밑이라면 말해도 되겠다'는 감정을 갖게 된다. 그것은 단순한 화법의 문제가 아니다. 신뢰의 기초가 되는 태도의 문제다. 이와 같은 태도가 조직 전반에 퍼질 때 비로소 심리적 안정감이 형성되고, 갈등 상황에서도 숨기지 않고 말할 수 있는 문화가 만들어진다.

조직을 하나의 생태계로 본다면, 리더의 진정성은 햇빛과 같다. 눈에 보이지 않지만, 없으면 생명이 자라지 않는다. 외형적으로는 멀쩡해 보여도 내부적으로 신뢰가 부식된 조직은 결국 위기 앞에서 쉽게 무너진다. 반대로 구성원 간의 정서적 연결이 단단한 조직은 위기 상황에서도 놀라운 복원력을 발휘한다.

팬데믹 시기에 이를 보여 준 조직들이 있다. 어떤 기업은 경영 악화를 이유로 일방적으로 무급휴직을 통보했지만, 어떤 기업은 임원이 먼저 급여를 반납하며 "끝까지 함께 버텨 보자"고 약속했다. 후자의 기업은 위기를 더 빨리 회복했고, 구성원의 이탈률도 현저히 낮았다. 위기의 순간에 드러난 리더의 진정성이 조직의 지속 가능성을 가르는 분기점이 된 것이다.

하모나이저 경영은 단순히 갈등을 줄이는 것이 아니다. 갈등을 다루는 방식 자체가 조직의 성장을 결정한다. 하모나이저 리더는 갈등을 회피하지 않고 정면으로 마주하되, 그 마주침의 방식은 강압이 아니라 존중이다. 문제를 제기한 사람을 불편한 존재로 보지 않고, 변화를 알려주는 신호로 받아들인다. 충돌을 단절이 아니라 발전의 계기로 해석하는 시각, 그것이야말로 조직의 체질을 바꾸는 근본적인 힘이다.

미국의 파타고니아(Patagonia)는 환경을 보호하고 사회적 책임을 다하는 경영 철학으로 잘 알려져 있지만, 그보다 더 깊은 내면에는 구성원을 전적으로 신뢰하고 존중하는 조직 문화가 있다. 직원들은 자신의 삶과 일의 균형을 조절할 수 있는 자율권을 가지며, 회사는 이들이 내리는 결정에 신뢰로 반응한다. 결과적으로 이 회사는 극심한 경제 위기 속에서도 높은 직원 만족도와 지속적인 성과를 유지해 왔다. 조직 내부의 정서적 신뢰가 실적의 바탕이 된 것이다.

하모나이저 경영은 시스템이나 슬로건으로는 구현되지 않는다. 그것은 일상의 언어와 행동, 리더의 눈빛과 말투, 회의의 분위기와 질문 방식에서 자연스럽게 드러난다. 겉으로는 유능해 보여도 내부가 조화롭지 않은 조직은 반복적인 충돌과 탈진을 겪는다. 반면, 다소 거칠고 느려 보여도 신뢰가 축적된 조직은 위기 속에서도 방향을 잃지 않는다.

하모나이저 리더는 리더십의 목표를 하나의 정답이 아니라 다양성을 인정하는 것에서 찾는다. 예를 들어, 팀 내에서 성과를 둘러싼 갈등이 발생했을 때, 이 리더는 단순히 '누가 옳은가'를 판단하기보다 '무엇이 조직 전체에 도움이 되는가'를 묻는다. 이것은 마치 건축물의 아치 구조와 같다. 각기 다른 블록들이 압력을 나누며 서로를 지탱할 때, 전체 구조가 붕괴하지 않고 아름다움을 유지한다. 조직의 조화도 이와 같다. 균형 잡힌 긴장 위에서만 강인함이 유지된다.

진정성, 존중, 경청. 이 모든 단어는 언뜻 감성적이고 추상적으로 들릴 수 있다. 그러나 이들은 실적과 직결된 가장 전략적인 힘이다. 하모나이저 리더는 이 추상적 가치를 구체적 실행으로 바꾸는 사람이다. 구성원의 불안한 눈빛을 읽고, 말하지 않아도 드러나는 피로감을 감지하며, 구성원이 자유롭게 말할 수 있는 공간을 만들어 준다. 그런 리더가 있는 조직은 흔들리지 않는다.

결국 갈등은 외면해야 할 것이 아니라 직시해야 할 성장의 기회다. 조화를 만드는 경영은 실사구시와 진정성, 이 두 가지 보이지 않는 원칙을 품고 조직의 성장을 도모한다. 하모나이저 리더는 이념과 감정이 아니라 현실과 사람을 통합한다. 그는 조직이 흔들리는 시대 속에서도 중심을 잡게 해 주는 중력 같은 존재다. 그리고 그 리더십은 복잡성과 불확실성의 시대를 살아가는 우리에게 가장 절실한 해법이다.

위기 대응 능력, 다양성에서 시작

위기의 시대일수록 다양성은 보험이자 무기다. 동일한 구조와 반복되는 시스템은 평온한 시기에는 효율을 극대화한다. 하지만 한 번의 예외 상황이나 외부 충격이 발생하면, 그 효율성은 오히려 전체 구조를 무너

뜨릴 수 있다.

1970년대 한국 농업의 패러다임을 획기적으로 바꾼 통일벼는 효율성과 단일화의 전략이 얼마나 위력적인지를 보여 주는 대표적 사례였다. 이 품종은 높은 생산성과 관리의 용이함 덕분에 빠르게 전국에 확산되었다. 그러나 그 이면에는 치명적인 취약점이 있었다. 바로 유전적 다양성의 급격한 감소였다. 특정 병충해나 기후 재해에 취약한 단일 품종만을 널리 보급했기 때문에 예상치 못한 자연재해나 병해충 발생 시 농업 전체가 위기를 맞을 수 있었다.

이와 대조적으로 북극 노르웨이령 스발바르섬에 있는 국제 종자 저장고는 다양성의 전략적 의미를 극적으로 보여 준다. '지구의 금고'라 불리는 이 저장고는 세계 각국의 종자 100만 종 이상을 영하 18도에서 보관하며, 인류의 식량 위기를 대비하고 있다.

현재 사용되지 않는 품종도 다수 존재하지만, 어느 날 예기치 못한 기후변화나 새로운 병해충이 등장했을 때 그 묻혀 있던 유전자가 해답이 될 수 있다. 지금 당장은 쓸모없어 보이는 종자 하나가 인류의 생존을 좌우할 수 있는 위기 극복의 보험인 셈이다. 다양성은 이렇게 당장은 눈에 띄지 않지만, 위기를 돌파할 열쇠가 되는 구조적 자산이다.

조직 역시 마찬가지다. 지금 당장은 주력 인재와 주력 전략만으로도 성과를 낼 수 있다. 효율과 속도를 중시하는 상황에서는 정형화된 방식이 더 매끄럽게 작동하기도 한다. 그러나 세상이 급격히 변하고 기술적 변곡점이나 사회적 위기가 닥쳐왔을 때, 진짜 경쟁력은 '다름'에서 비롯된다. **서로 다른 배경을 지닌 구성원, 다양한 관점과 문제 해결 방식을 가진 팀, 상식을 의심하고 질문을 던질 수 있는 문화야말로 생존력을 강화하는 자양분이다.**

예컨대, 핀테크 기업 토스(Toss)는 기존 금융권 인력 중심의 팀 구성에서 벗어나 외부 스타트업 창업자, 디자이너, 개발자 출신 등 이질적 배경을 가진 인재를 적극적으로 영입해 왔다. 이들은 각자의 시선으로 고객 경험을 재해석하고, 기존의 관행을 낯설게 바라보며 새로운 질문을 던졌다. 그리고 그 질문이 수많은 서비스 개선으로 이어졌다. 사용자 중심의 빠른 반복 실험과 개방적 피드백 구조는 토스를 단기간 내에 시장 주도 기업으로 성장시켰다. 반면, 단일 문화와 계층 중심적 구조를 유지한 전통 금융기관은 민첩한 대응에 실패했고, 혁신의 흐름에 뒤처졌다.

자연 생태계에도 동일한 법칙이 작용한다. 생물 다양성이 풍부한 정글은 종의 다양성 덕분에 병해충이나 외부 기후변화에도 빠르게 회복할 수 있다. 반면, 단일 식생이 형성된 사막이나 인공 생태계는 회복력이 극히 낮다. 조직도 이와 같다. 복잡하지만 다양한 목소리가 존재하는 조직은 때로는 혼란스럽지만, 위기 상황에서 회복탄력성은 단연 뛰어나다.

다양성은 혼란이 아니라 가능성의 여백이다. 처음에는 충돌과 마찰을 낳기도 한다. 그러나 그것을 관리하고 통합하는 역량이 리더십의 본질이다. 하모나이저 조직은 바로 이 '다름의 에너지'를 전략적으로 설계하고, 위기의 순간에 이를 자산으로 전환시킬 줄 아는 감각을 가진다. 모든 구성원이 똑같은 방향만 보지 않고 서로 다른 관점으로 상황을 진단할 수 있을 때, 조직은 예상치 못한 변수에 강해진다. 그것이 바로 다양성이 만들어 내는 내구성과 혁신의 출발점이다.

다양성, 혁신과 통합을 이끄는 자산

물론 다양성은 갈등을 유발할 수 있다. 서로 다른 배경과 가치관, 언어를 가진 사람들이 모이면 오해가 생기고, 오해는 불신으로 번진다. 다양성은 통합되지 않을 경우, 혼란을 불러일으킨다. 그 혼란은 조직의 에너지를 불필요하게 많이 소모할 수도 있다. 그러나 이질적인 관점을 통합하고 에너지로 전환할 수 있다면, 그 조직은 상상 이상의 힘을 발휘한다.

갈등은 통합의 전제가 될 수 있다. 오히려 갈등이 있는 조직이 더 많이 학습하고, 더 빠르게 진화한다. 진짜 위험한 조직은 오히려 말이 사라진 조직, 질문이 멈춘 조직이다.

대표적인 실패 사례는 독일의 벤츠와 미국의 크라이슬

러의 합병이다. 자동차 산업의 두 거인은 시장의 큰 기대를 모았지만, 결국 문화적 차이를 극복하지 못했다. 독일은 절차와 질서를 중시하는 조직 문화였고, 미국은 개인의 창의성과 자율을 중시했다. 전략적 시너지는 계산되었지만, 문화적 융합은 간과되었다. 결국 수년간의 내홍과 경영 실패, 그리고 파국적인 결별로 귀결됐다. 다양성을 인정했지만 관리하지 못한 결과였다.

반면, 애플은 팀 쿡 체제에서 "다양성은 윤리가 아니라 생존 전략"이라 선언했다. 팀 쿡은 실리콘밸리에서 보기 드문 조용하고 내성적인 리더였지만, 다양성과 포용의 문제만큼은 명확했다. 다양한 배경을 가진 인재들이 협업하고 창의성을 발휘할 수 있도록 회사 차원에서 제도적 지원과 문화적 수용성을 강화했다. 실질적인 인사 정책, 차별 해소 교육, 포용성을 조직 운영의 목표로 설정한 전략이 애플을 오늘날 세계에서 가장 가치 있는 기업으로 만들었다.

다국적 생활용품 기업 유니레버 역시 포용적인 조직 문화를 기업 전략의 핵심으로 설정하고, 제품 개발 단계에서부터 지역성과 문화적 다양성을 반영한다. 인도, 인도네시아, 브라질 등 다양한 시장의 고객을 이해하기 위해 현지 출신 인재를 주요 제품 개발팀에 적극 배치했다. 그 결과, 다국적 팀이 개발한 위생 제품이나 식품은 단일 본사 중심으로 만들어졌을 때보다 훨씬 높은 수용성과 시장 적합성을 보였다. '글로컬(Glocal)' 전략에 부합하는 행보다. 글로벌 기업이면서도 지역 문화와 감수성에 밀착하는 감각이 다양성 기반 통합 전략의 실천이다.

조직에서 다양성을 통합하는 경영은 마치 정원을 가꾸는 것을 연상시킨다. 정원사는 모든 식물을 같은 방식으로 키우지 않는다. 어떤 식물은 강한 햇볕을 좋아하고, 어떤 식물은 그늘에서 자란다. 물을 자주 줘야 하는 화분이 있는가 하면, 물을 적게 줘야 뿌리가 튼튼해지는 식물도 있다. 정원사는 이러한 다름을 이해하고, 각각에 맞는 환경을 조성한다. 그 결과 하나의 아름다운 정원이 만들어진다. 조직도 같다. 다양한 재능과 배경을 가진 인재들이 자라날 수 있도록 토양과 환경을 조성할 줄 아는 리더가 진짜 하모나이저다.

조직은 갈등을 제거할 수 없다. 그러나 그 갈등을 통합하고 에너지로 바꾸는 능력은 키울 수 있다. 하모나이저 조직은 바로 그 지점에서 강해진다. 다름을 견디는 것이 아니라 다름을 활용하는 문화, 이질성을 억누르는 것이 아니라 연결하는 구조가 곧 미래를 여는 힘이다.

많은 기업이 혁신을 이야기하지만, 그 출발점은 늘 사람에 있다. 그리고 그 사람은 서로 다르다. 서로 다른 언어, 사고, 배경, 감수성을 지닌 인재들이 같은 방향으로 나아가도록 만드는 것이 리더의 역할이다. 다양성은 혁신의 불씨이자 통합의 열쇠다. 다양성을 통합하지 못하면 조직은 내부의 균열로 무너지고, 다양성을 제대로 조율하면 조직은 외부의 변화에 강해진다.

결국 다양성은 살아남는 조직의 조건이자, 다음 시대를 여는 조직 전략의 출발점이다. 하모나이저 경영은 이질성을 인정하고 그것을 조화롭게 연결함으로써 조직을 한 단계 더 성장시키는 리더십이다. 변화의 시대에는 정답보다 조화가 필요하다. 그리고 조화는 언제나 다양성에서 비롯된다.

세 번째 실행 엔진
― 실천, 움직이는 조직이 강하다

"비전이 없는 실천은 악몽이고, 실천 없는 비전은 환상이다"라는 말이 있다. 아무리 거대한 꿈도 실행이 뒷받침되지 않으면 아무 의미가 없으며, 아무리 훌륭한 전략이라도 실천이 따르지 않으면 공허한 구호에 불과하다는 뜻이다.

오늘날 기업과 조직은 디지털 전환, 글로벌 경쟁, 탄소중립, ESG 등 수많은 전략적 의제 속에서 방향성과 계획을 수립한다. 그러나 성패를 가르는 진짜 요인은 실천력이다. 회의실에서 오가는 완벽한 발표가 아니라 매일 아침 현장에서 반복되는 사소한 루틴에서 결과는 갈린다. 실천하지 않는 전략은 조직에 냉소를 낳고, 리더십에 대한 신뢰를 갉아먹는다.

지금은 전략보다 실천이, 사고보다 행동이 중요한 시대다. 지금 우리에게 필요한 것은 '움직이는 조직'이다.

실천은
전략보다 무겁다

1980년대 후반, 나이키는 단순한 운동화 브랜드에서 '도전의 상징'으로 탈바꿈했다. 그 중심에는 단순하면서도 강력한 슬로건인 'Just Do It'이 있었다. 이 슬로건은 전통적 미국 스포츠인 미식축구가 코치의 전략과 작전의 경기임에 반발심을 가지고 있던 젊은 세대를 겨냥한 메시지다. 그들은 남이 정한 규칙보다 자신만의 방식과 개성으로 자신의 역량을 마음껏 펼칠 수 있기를 희망하고 있었고, 나이키는 이러한 소비자의 성향을 정확히 이해하고 있었다.

그리고 이러한 나이키의 메시지를 현실에서 구현한 존재가 마이클 조던이다. 그는 "수천 번의 슛을 놓쳤고, 수백 번의 경기에서 졌으며, 결정적인 순간에도 실패했지만, 계속 도전했고 실패를 통해 성공했다"는 말을 한 적이 있다. 이 말은 단지 스포츠 명언을 넘어 기업과 조직을 움직이는 실행 철학으로 읽어도 손색이 없다. 전략보다 무거운 것이 바로 실천이다.

실천은 실패를 전제로 한다. 그렇기에 두려움이 따르고, 리스크가 존재한다. 그러나 움직이지 않으면 아무 일도 일어나지 않는다. 조직도 마찬가지다. 실천 없는 전략은 환상일 뿐이다. 전략이 아무리 정교하고 고도화되어 있어도 그것을 실행하지 않으면 무용지물이다. 반대로, 완벽하지 않은 전략이라도 실행을 거듭하며 다듬으면 진짜 힘을 갖게 된다. 실천은 종종 불완전한 조건 속에서 감행되어야 하고, 바로 그 실천이 조직의 생존을 이끈다.

실천하지 않는 조직은 농사를 짓지 않는 농부와 같다. 아무리 좋은 씨앗을 갖고 있어도 땅에 뿌리지 않으면 수확은 없다. 실천은 조직에 불을 붙이는 일이다. 전략이라는 엔진이 아무리 정교해도 점화하지 않으면 그 엔진은 단지 무거운 쇳덩이에 불과하다.

그럼에도 많은 조직이 실천의 마지막 문턱에서 멈춘다. 왜일까? 책임 회피 문화, 실패에 대한 과도한 낙인, 그리고 리더의 언행 불일치 때문이다.

구호는 넘치지만, 실천은 더디다. 구성원은 말보다 행동을 본다. 리더가 앞장서지 않으면 누구도 움직이지 않는다. 리더가 현장에 오지 않고 피드백을 받지 않으며 실수를 인정하지 않는다면, 실천의 문화는 뿌리를 내릴 수 없다. 하모나이저 리더는 이런 맥락에서 '말하는 사람'이 아니라 '먼저 움직이는 사람'이다. 그들은 먼저 움직이고, 실패의 전선에 함께 서며, 실행의 에너지를 조직 전체로 확산시킨다.

실천력은 한 개인의 강박적 성과주의로 구현되지 않는다. 그것은 조직의 시스템과 문화, 리듬에서 비롯된다. 반복적인 루틴, 가시적인 목표 설정, 실천 이후의 명확한 피드백, 실패에 대한 관용과 학습 이 네 가지 요소가 갖춰질 때 실행은 습관이 된다. 예를 들어, 매일 아침 10분 정도 팀 단위로 점검 시간을 갖고, 주간 목표는 부서 게시판에 시각화하여 공유하며, 주 1회 '실패 브리핑'을 통해 소소하지만 중요한 배움을 서로 나누는 조직은 작지만 강력한 실천의 리듬을 만든다. 이런 구체적인 루틴이야말로 실천력을 버텨 주는 실질적 구조다.

실천이 잘 되는 조직은 의외로 단순하다. '지금 해야 할 일'을 정확히 알고, 그것을 미루지 않고 바로 행동으로 옮긴다. 복잡한 계획보다 중요한 건 단순한 실행이다. 구성원 간 신뢰는 바로 이 실천을 통해 축적된다. 리더가 직접 손을 걷어붙이고 현장에 나설 때, 구성원은 "이건 진심이구나"라는 확신을 갖게 된다. 그 믿음이 실행의 연료가 되고, 성과를 낳는다.

일론 머스크의 스타십(Starship) 로켓 실험은 실천이란 무엇인지를 잘 보여 준다. 여러 차례 발사 실패에도 그는 멈추지 않았다. 마치 실패는 성공을 향한 실험의 일부인 것처럼 여기며 모두가 계속 움직이고 학습하게 했다. 이 반복의 감각을 통해 전략은 단련되고, 조직은 진화했다. 나사(NASA) 국장조차 스타십의 반복 실험을 "실패를 통한 진보"라고 평가했다. 이처럼 혁신적인 기업과 조직은 실험 성공률보다 학습 속도를 더 중시한다.

운동선수가 하루도 빠짐없이 같은 동작을 반복하며 근육을 단련하듯이 기업도 실천을 반복해야 체질이 강해진다. 그런 반복 속에서 전략은 현실이 되고, 조직은 변화의 속도에 적응할 수 있는 유연한 생명체로 진화한다.

현장에 답이 있다

기업 경영의 실체는 회의실이 아니라 현장에 있다. 전략이 종이에 있다면, 실행은 땀과 흙 속에 있다. 나는 공장을 단순한 생산 공간이 아니라 전략의 출발점으로 본다. 베트남 공장을 방문했을 때, 문서로는 보이지 않던 가능성과 과제가 명확히 보였다. 기계의 진동, 작업자의 표정, 동선의 불균형 같은 작은 단서들이 더 나은 실행 전략으로 이어졌다.

하모나이저 경영은 바로 이 '현장의 언어'를 읽을 줄 아는 감각에서 시작된다. 실제 사고가 발생한 작업장에 직접 가서 구성원과 눈을 맞추고, 그들의 이야기를 듣는 리더가 문제의 본질을 파악하고 시스템을 바꾼다. **'책상 리더십'은 숫자를 이해하지만, '현장 리더십'은 맥락을 이해한다. 경영자는 문제를 문서로 보고받는 것이 아니라 몸으로 느껴야 한다.**

현장은 숫자로는 보이지 않는 진실을 담고 있다. 겉으로는 매끄럽게 돌아가는 공정도 현장에서 보면 미세한 소음과 진동이 다르게 느껴진다. 타이밍이 어긋난 장비의 떨림은 나중에 발생할 고장의 전조일 수 있다. 책상 위의 보고서는 이런 감각의 이상 신호를 담지 못한다. 하모나이저 리더는 바로 이런 단서를 감각적으로 읽어낸다.

'현장(現場)'을 일본어로 '겐바(げんば)'라고 부른다. 사무실이 아니라 실제 일이 일어나는 곳, 제품이 만들어지고 문제가 발생하며 개선이 시작되는 진짜 현장을 뜻한다. 도요타의 리더들은 중요한 결정을 내리기 전 반드시 겐바를 찾는다. 회의실의 보고보다 실제 작업 라인의 소음, 작업자의 동작, 자재 흐름의 흐트러짐 같은 현장의 언어를 중시한다.

겐바에서 답을 찾는 도요타의 철학은 단지 관리 기법이 아니라 조직의 실천 철학이다. 실제로 도요타는 생산 중 문제가 발생하면 누구든지 즉시 라인을 멈출 수 있다. 이를 안돈(Andon) 시스템이라 부른다. 이 시스템을 통해 현장에서 바로 문제를 파악하고 해결하며, 재발을 방지하는 구조가 자리 잡는다. 라인을 멈추는 결정권은 리더가 아니라 작업자에게 있다. 권한이 현장에 있다는 뜻이다. 이처럼 도요타는 실행력을 문화로 만든 대표적 기업이다.

실제로 미국 시장에서 초고압 변압기의 수요가 급증할 무렵, 우리는 제품군 확대를 고민했다. 분석만으로는 부족했다. 영업 현장에서 고객의 요구를 듣고, 공급망 파트너들과 직접 만나며 판단했다. 그 결과 배전기기 분야 진출이라는 실행 전략이 나왔다. 그 전략은 회의실이 아닌 현장에서 태어난 것이었다.

안전 분야 역시 예외가 아니다. 가장 큰 사고는 자신감에서 비롯된다. 숙련된 작업자일수록 무의식적 방심에 빠지기 쉽고, 그 방심이 큰 사고로 이어진다. 이를 감지할 수 있는 유일한 방법은 현장에 자주 가보는 것이다. 냉기 서린 사무실이 아니라 땀이 흐르는 생산 현장에서 조직의 리듬을 느껴야 한다.

구글의 사례도 주목할 만하다. 그들은 '20% 룰'을 통해 실행과 창의의 균형을 이뤘다. 직원이 스스로 추진하고 싶은 프로젝트를 선택해 실행할 수 있게 함으로써, 실행에 자율성과 동기부여가 결합될 때 가장 강력한 결과가 나온다는 것을 보여 주었다. 실행은 지시가 아니라 동기에서 출발한다. 그리고 그 동기는 현장과 연결될 때 비로소 실체를 갖는다.

현장은 일종의 센서 네트워크다. 수많은 감각적 정보가 흐르고, 실시간 데이터와 감정, 직감이 교차한다. 하모나이저 경영은 그 흐름을 읽고, 실천 가능한 구조로 바꾼다. 한 부서에서 '왜 이 절차를 따라야 하는지 모르겠다'는 피드백이 나왔다면, 그 업무 절차를 현장에서 재검토해 불필요한 단계를 줄이고 새로운 교육 방식을 설계할 수 있다. 이런 변화는 회의가 아니라 현장에서 일어난다. 하모나이저는 현장에서 진짜 문제를 발견하고 해결한다. 그리고 그가 만든 시스템 속에서 구성원들은 스스로 실행하고, 함께 움직인다. 그때 조직은 비로소 살아 있는 유기체가 된다. 현장에 답이 있다. 언제나 그렇듯 답은 가장 가까운 곳에 있다.

도전을 두려워하지 말고
연대하여 응전하라

울산은 조선과 자동차, 석유 화학 등 우리의 주력 산업이 생생히 숨 쉬는 도시다. 처음 이곳에 왔을 때가 생각난다. 출근길 사무실 앞에 줄지어 있는 오토바이 행렬이 인상적이었다. 마치 21세기 대한민국이 아닌 듯한 풍경이었다. 중국이나 동남아 국가의 풍경이 떠올랐다.

지식 기반 서비스업과 한류로 대표되는 문화 콘텐츠 산업 등이 새로운 세대의 먹거리로 떠오르고 있다. 그러나 지난 60여 년간 우리 경제를 지탱해 온 제조업은 여전히 이곳에 굳건히 살아 있다. 작업복 차림의 평범한 모습으로 현장에서 일하는 이들과 함께 말이다. 그들의 삶 속에 깃든 자부심이 그 증거다. 그들과 함께할 수 있다는 사실에 내 심장도 함께 뛰었다.

21세기에 그들은 제조업의 위기라는 도전에 응전하고 있다. 그런데 흥미로운 것은 이곳 울산이 바로 도전과 응전의 역사를 함축하고 있는 도시라는 점이다. 울산의 반구대 암각화에는 울산 앞바다에 나타나는 고래를 그물로 잡는 장면과 호랑이를 포획하는 장면이 새겨져 있다. 전문가들은 그림에 표현된 육지 동물의 모습에서 암각화가 만들어진 시기를 추측했다. 즉 수렵·채취 사회에서 농경 사회로 넘어가는 전환기에 제작된 것으로 보고 있다.

이 시기는 지금으로부터 7,000여 년 전으로 추정된다.

한반도에 우리 조상이 들어와 살면서 유목 생활을 청산하고 농경 사회로 정착하던 때다. 당시에는 집에서 농사를 짓고, 농작물을 보관하고, 겨울을 준비하는 것을 더 중요하게 여기는 생각이 진보적인 생각이었을 것이다. 수렵과 채취를 하던 사람들에게 농업은 새로운 산업혁명의 물결이었을 테니 말이다. 오늘날 우리가 느끼는 4차 산업혁명보다 더 혁명적인 변화가 아니었을까.

한반도의 반만년 역사는 신화와 구전 설화 속에 이어져 온다. 하지만 눈으로 볼 수 있고 손으로 만질 수 있는 실증적 증거는 빈약하지 않냐는 의문도 제기한다. 그 의문에 답하는 게 반구대 암각화다. 그림은 아주 오래전부터 여기 이렇게 사람이 살고 있었다는 증거를 보여 주고 있다. 그것도 문명 교체기를 의미하는 내용을 담은 그림을 남겨 두었다. 덕분에 우리는 선조들의 숨결을 생생하게 느끼며, 도전과 응전의 역사를 새삼 깨닫는다.

서울에서 자동차로 울산까지 오려면 4시간이 넘게 걸린다. 처음 부임했을 당시에는 코로나19 팬데믹 때문에 기차도 비행기도 이용할 수 없었다. 자동차 차창 밖으로 봄을 흘려보내고 태화강 동쪽 끝을 지나 회사가 있는 아산로에 들어선다. 배를 짓고, 자동차를 만들고, 석유 화학 제품을 수출하며 나라를 일으켜 세웠던 시간을 품은 곳이다. 단군 이래 가장 잘사는 나라를 만들어 낸, 그 자랑스러운 시간의 중심이었다. 나는 고민했다. "이 시간을 어떻게 하면 온전하게 남겨 줄 수 있을까?" 당시 나는 저성장과 코로나 팬데믹 등의 도전 앞에서 우리가 어떻게 응전해야 할지 고민을 거듭했다.

선진국 진입이라는 새로운 목표가 눈앞에 있고, 수많은 경쟁국은 우리에게 도전장을 내밀고 있다. 지금 제대로 응전하지 못하면 시간은 우리에게 전혀 다른 얼굴로 다가올 것이다. 누구도 지난 60년과 같이 시간이 우리 편일 것이라 장담하지 못한다. 인구의 고령화, 제조업 경쟁력의 약화, 새로운 성장동력 부재. 무엇보다 아쉬운 것은 '조정과 타협의 능력' 부족이다. 이 모든 요인이 도전 앞에 선 응전의 태세를 불안하게 만든다.

평소 젊은 직원들과의 간담회에서 느끼는 소회는 남다르다. 앞뒤 가리지 않고 열심히만 하면 됐던 나의 시간과 달리 이들의 시간은 좀 더 복합적이다. 그들이 사는 세상은 복잡계와 같다. 무너진 사다리와 실종된 시대정신, 거기에다 고립의 시대를 살고 있다. 그만큼 도전과 새로운 가치, 연대가 절실하다.

네 번째 실행 엔진
— 창의, 조직은 상상할 때 성장한다

 창의적이어야 한다는 말을 무척이나 자주 듣는다. 기업 경영이나 업무 수행에서 창의적이어야 한다는 것은 새로운 화두가 아니다. 오히려 절박한 주문으로 들린다. 그렇게 하지 못하면 살아남지 못한다는 경고이기도 하다.
 그렇다면 어떻게 창의적으로 될 수 있을까? 창조에 필요한 지식을 어떻게 갖출 수 있을까?
 나는 서로 다른 영역의 조화를 통해 새로운 지식을 만들어 내는 것에 관심이 많다. 영화를 보며 경영을 생각하는 것도 같은 맥락이다. 평소 경영에 몰두하다가 영화를 보면 단지 쉰다는 느낌만 들지 않는다. 때로 경영에 필요한 실마리를 얻기도 한다. 창의성은 이렇듯 서로 다른 것을 연관시키는 능력이라고도 할 수 있다. 하지만 무작정 이종 결합만 한다고 될 일은 아니다. 둘을 연관하는 것에 몰입해야 한다. 서로 다른 것이 결합하는 순간 불꽃이 튀는 경험을 할 수 있을 것이다.

오늘날 창의성은 단순히 새로운 아이디어를 떠올리는 것이 아니다. 서로 다른 분야를 융합하는 과정에서 탄생한다. 혁신적인 아이디어는 전혀 연관이 없어 보이는 개념들이 결합할 때 더욱 강력한 힘을 발휘한다.

대표적인 사례가 스티브 잡스의 애플이다. 그는 기술과 인문 예술을 융합했다. 단순한 전자기기가 아닌 디자인과 감성을 담은 제품을 만들어 냈다. 생물학과 공학이 결합한 바이오 기술, IT와 금융이 결합한 핀테크처럼 산업 간 경계가 허물어질 때 새로운 시장과 기회가 열린다.

융합은 창의성의 촉진제다. 한 가지 분야에 갇혀 있으면 사고의 폭이 제한된다. 하지만 **여러 분야를 접목하면 새로운 해결책이 떠오른다.** 예술가가 과학을 접목하면 새로운 시각적 표현이 나올 수 있고, 엔지니어가 인문학을 배우면 인간 중심의 기술을 개발할 수 있다. 창의성을 키우고 새로운 것을 만들어 내는 핵심은 결국 다양한 경험과 지식을 융합하는 데 있다. 세상을 바꾸는 혁신은 경계를 허물고 새로운 조합을 만들어 내는 사람들에게서 나온다.

설거지하는 사람만이 그릇을 깬다

"설거지를 하는 사람만이 그릇을 깬다." 내가 젊은 시절 들었던 말 중 지금까지도 새기고 있는 말이다. 가만히 앉아 있는 사람이 그릇을 깰 수는 없다. 열심히 하는 사람만이 실수도 할 수 있다는 뜻이다. 나 자신도 실수를 두려워하지 않고 적극적으로 일하는 사람이 되려고 노력하며 살았다. 그러니 얼마나 많은 그릇을 깼겠는가. 나는 깬 그릇만큼 성장한다고 믿는다. 깨진 그릇을 보며 더 주의하고, 더는 똑같은 실수를 하지 않으려고 애쓰는 과정에서 배움이 생기기 마련이다.

조직의 관점에서 보면 더욱 일리가 있는 말이다. 발전하 는 조직은 새로운 아이디어를 내는 창의적인 인재가 필요하다. 하지만 그만큼 실패를 두려워하지 않는 사람도 있어야 한다. 실패를 개의치 않는 사람들이 있어야 창의적인 인재가 제 기량을 발휘할 수 있다. 창의성을 발휘하는 과정에서 얼마나 많은 그릇을 깨겠는가. 깨진 그릇을 들고 망연자실 바라보며 눈치만 보게 한다면 창의성은 죽고 만다.

특히 조직의 규모가 커지고 조직에서 일하는 사람이 많아질수록 그릇 깨는 것을 포용해야 한다. 큰 조직이 되면 사람들은 보수적으로 바뀌는 경향이 있다. 적극적으로 조직이 가는 길을 선도하기보다는, 적당히 중간에 서서 따라가는 것이 안전하다고 여기는 경우가 많다. 이러한 조직에 미래가 있을까?

생각해 보라. 실무를 책임지고 있는 조직원이 나는 지금 가는 이 방향이 아닌 것 같은데, 아무런 말도 못하고 위에서 하라니 그냥 시키는 대로 진행한다면? 반대로 용기를 내서 신호를 보내고 목소리를 냈는데, 이를 무시한다면? 쉽게 자기 생각을 피력하지 못하고, 또 못하게 하는 조직이라면? 그런 조직은 성장하지 못한다.

조직원 간에 서로의 생각을 적극적으로 밝히고 서로 다른 생각이 있으면 치열하게 토론하면서 합의점을 찾아가는 조직이 건강한 조직이다. 토론은 치열하게 하되 합의가 도출된 후에는 일치단결하여 그 방향으로 나아가는 조직이 되어야 한다.

상상력은
자유로운 영혼에만 깃든다

미래는 지금까지 가보지 않은 길이다. 지식은 우리에게 미래로 가는 방법을 가르쳐준다. 그러나 손가락으로 방향만 가리킬 뿐이다. 반면에 상상력은 등불이 되어 미래로 안내해 준다. 함께 길을 가며, 아니 길을 개척하며 가는 등불이다.

상상력은 자유로운 영혼에만 깃든다. 과거의 성공과 실적만을 뒤돌아보고 안주한다면 상상력이 들어설 곳은 없다. 그래서 나는 가끔 눈앞에 보이는 현실에서 떠나서 10년 후, 20년 후를 떠올려 본다. 새로운 전기 시대, 한국 제조업의 여건, 세계 경제 상황 등을 염두에 두고 내가 몸담은 회사가 인류에게 공헌하는 상상을 한다.

우리가 지금 당연하게 받아들이는 주변의 많은 것들 또한 상상력의 산물이지 않은가. 챗GPT를 비롯한 인공지능, 택시를 대체하는 우버 시스템, 가정집을 호텔처럼 빌려주는 에어비앤비, 아침마다 신선한 식료품을 배달해주는 마켓컬리 등은 인간의 삶을 편리하게 하겠다는 상상력이 새로운 수요를 창조한 전형적인 사례다. 인류 모두가 공감하는 간절한 마음이 시장을 읽고, 거기에 상상력을 더하여 세상을 놀라게 하고 있다.

상상력이나 창의적인 아이디어는 어디에서 나올까? 정해진 틀 안에서 억눌린 사고로는 새로운 생각을 떠올리기 어렵다. 상상력은 자유로운 영혼에서 피어난다. 자유로울수록 더 멀리, 더 깊이 뻗어나간다.

위대한 예술가와 발명가들을 보면, 자유로운 사고를 하는 사람들을 많이 볼 수 있다. 레오나르도 다빈치는 화가이면서 동시에 과학자였다. 니콜라 테슬라는 기존의 전기 이론을 뛰어넘는 혁신적인 발명을 해냈다. 그들의 공통점은 틀에 갇히지 않고 무한한 가능성을 탐색하는 자유로운 영혼을 가졌다는 것이다.

하지만 우리가 사는 지금 사회는 때때로 상상력을 억

누른다. 정답만을 강요하는 교육, 실패를 두려워하는 조직 문화는 자유로운 사고를 제한하고 창의력을 위축시킨다. 그러나 열린 환경에서 자란 사람들은 다양한 시도를 두려워하지 않는다. 실패 속에서도 새로운 가능성을 발견한다.

상상력은 날아오를 수 있는 공간이 있을 때 가장 강력해진다. 우리는 자기 스스로를 제한하는 규칙과 두려움에서 벗어나야 한다. 자유로운 영혼이 있을 때, 비로소 새로운 세상을 창조할 수 있다. 진정한 혁신과 창조는 자유로운 사고에서 시작된다.

그래서 나는 주변에 종종 말한다. 지금부터라도 신발 끈을 고쳐 매고 미래의 무한한 가능성을 향하여 달려가자고 말이다. 창조의 방정식을 풀 수 있을 때, 신발 끈을 고쳐 맬 수 있다. 달려야 할 이유가 생겼기 때문이다.

행복에 대한
공유와 공감

생각해 보면, 삶과 일의 균형을 찾아가는 일이 참 어렵다. 무작정 열심히 일만 하는 것보다 훨씬 더 힘든 일이다. 그렇기 때문에 회사와 경영자는 새로운 고민을 해야 한다. 회사의 이익을 극대화하는 것을 넘어 새로운 세대가 요구하는 조직원의 행복을 이루어 내야 한다. 개인의 과제와 조직의 과제 모두 쉽지 않다.

회사가 이익을 창출하는 것은 기업 활동의 기본이다. 이익을 창출하지 못하는 회사에서는 유연한 조직 문화를 기대하기 어렵다. 적자투성이 회사의 분위기는 무거울 수밖에 없고, 저마다 서로의 눈치만 볼 뿐이다. 조직원의 행복 추구도 불가능하다. 하지만 이익 창출만 된다고 이런 문제가 저절로 해결되지도 않는다. 이익 창출과 더불어 모두가 일하고 싶어 하는 조직으로 만들어야 한다. 그래서 경영이 어려운 것이다.

조직원이 행복한 회사를 만드는 시대정신은 경영진의 의지나 조직원의 근면만으로 달성되지 않는다. 이러한 회사를 만들기 위해서는 우선 조직 구성원에게 회사에서 일어나는 모든 일을 투명하게 공개하는 것이 중요하다. 잘되는 일은 잘되는 대로, 어려운 일은 어려운 대로 같이 알고 있어야 함께 새로운 길을 모색할 수 있다.

서로에 대한 신뢰를 바탕으로 행복을 공유하는 조직이 성장한다. 조직의 성공은 단순한 성과만으로 결정되지 않는다. 구성원들이 신뢰를 바탕으로 서로를 인정해 줄 때 비로소 행복을 느낀다. 그리고 그 행복이 공유될 때 조직은 더욱 강한 힘을 발휘한다. 행복이 공유되는 조직에서는 심리적 안정감이 생긴다. 이는 구성원들이 자유롭게 의견을 표현하고, 창의적인 아이디어를 내놓을 수 있도록 해 준다. 반대로 조직 구성원이 서로 불신하고 적대적인 관계가 된다면, 행복은커녕 도전과 혁신을 두려워하는 조직에 머물게 된다.

행복을 공감하는 조직 문화는 지속 가능성을 높인다. 서로의 성취를 진심으로 축하하고, 어려운 순간에는 함께 공감할 수 있는 환경이 조성되면, 구성원들은 조직과의 유대감을 느끼며 장기적으로 함께 성장하려 한다.

좋은 마음이
좋은 결과를 불러온다

"좋은 마음이 좋은 결과를 만든다"는 말은 단지 도덕적 미사여구가 아니다. 이는 개인과 조직 모두에게 실질적이고 전략적인 원칙이다. 일상의 업무나 프로젝트 목표, 성과지표(KPI)를 어떻게 달성할지를 고민하기 이전에 나는 왜 이 일을 하는가, 어떤 마음으로 임하고 있는가를 먼저 돌아봐야 한다. 이는 곧 '마음의 정원을 가꾸는 일'이다. 좋은 조직은 눈에 보이는 지표보다 마음의 토양을 먼저 살핀다. 정원에 물을 주고 잡초를 뽑아야 열매가 맺히듯이 조직도 구성원 각자의 마음을 돌보는 데서 출발해야 한다.

현대의 조직은 수치에 집착하는 구조로 운영된다. 영업 실적, 시장 점유율, 이익률, 제품 납기 준수율 같은 수치가 성공의 잣대처럼 작동한다. 개인 역시 SNS 팔로워 수, 하루 걸음 수, 매출액, 이메일 응답률 등 다양한 수치로 자신을 측정한다. 하지만 수치는 언제나 외적 기준이다. 그 수치에 도달했는가만을 따지다 보면 어느 순간 본질을 잃게 된다. '왜'라는 질문을 잊고, '얼마나'에만 매몰된다. 그 결과는 방향 잃은 질주와 다름없다.

좋은 마음을 가진 사람은 수치의 달성 자체보다 그 안에 담긴 의미를 먼저 찾는다. 예컨대 납기를 맞추는 것이 단순한 실적이 아니라 고객과의 신뢰를 지키고 동료들과의 리듬을 조율하려는 것임을 안다. 제품 품질을 높이는 일도 불량률을 낮추는 수치 경쟁이 아니라 고객의 안전과 만족을 책임지는 태도의 표현임을 이해한다. 이런 태도를 가진 구성원은 성과를 목표로 보지 않고 결과로 본다. 과정이 곧 결과라는 믿음을 가진 사람은 흔들리지 않는다.

마음을 정원에 비유한다면, 조직의 리더는 정원사다. 때로는 말라가는 가지를 잘라내고, 때로는 더디게 자라는 싹을 기다리며 물을 주는 사람이다. 리더가 구성원의 마음을 읽고, 그들의 자발성과 존재감을 북돋워 줄 때, 조직은 눈에 보이지 않는 곳에서 자라난다. 조직의 성과는 종종 이렇게 보이지 않는 뿌리에서 시작된다.

예를 들어, 어떤 부서장이 납기 압박에 시달리던 와중

에도 "왜 우리가 이 제품을 만드는지를 한 문장으로 적어 보자"라고 제안하면 어떻게 될까? 가뜩이나 바빠 죽겠는데 웬 뜬구름 잡는 소리로 들릴지 모른다. 그러나 이 질문은 매우 중요하다. 만약 직원들이 어색함을 견뎌내고 "사람들의 전기를 책임지는 제품", "가정의 안전을 지켜주는 장비"라는 말들이 나왔다면 일의 질과 속도는 달라질 수밖에 없다. 수치는 그대로일 수 있겠지만, 일에 대한 태도와 몰입의 깊이는 확연히 달라지는 것이다. 마음을 다지니 실행이 달라졌고, 실행이 변하니 결과가 달라지는 것이다.

단기 실적을 위해 임기응변으로 성과를 끌어올리는 조직은 언젠가 반드시 그 반동을 겪는다. 목표 달성만을 외치는 조직은 무리수를 두고, 조직원은 점점 지친다. 반면, 조직원 개개인이 좋은 마음을 갖고 본질에 집중하는 기업은 시간이 지나면서 강한 팀워크와 실행력을 만들어 간다. 바로 그것이 장기 성장을 가능하게 하는 기반이다. 겉보기에 느린 조직이더라도 마음을 단단히 다진 조직은 위기에 강하고, 실행에서 흔들리지 않는다.

선한 마음이
조직 문화가 될 때

경영자로서 가장 중요한 역할은 무엇일까? 재무 수치를 분석하는 능력일까, 전략을 기획하고 실행 계획을 세우는 역량일까? 물론 이들 모두 중요하다. 그러나 그것들은 하나의 수단일 뿐이다. 그보다 먼저, 그리고 더 깊이 자리해야 할 것은 조직의 마음을 건강하게 만드는 일이다. **좋은 조직은 숫자로 움직이지 않는다. 마음으로 움직이고, 사람 사이의 에너지로 움직인다.**

조직의 문화는 매뉴얼로 정해지는 게 아니다. 경영 원칙이나 규정, 강령이 있어도 그것이 문화가 되는 것은 아니다. 문화는 구성원 개개인의 마음가짐과 태도 그리고 그것을 촉진하고 유지하는 리더의 일관된 자세에서 비롯된다. 문화는 규범이 아니라 분위기에서 시작되고, 분위기는 결국 마음가짐에서 형성된다.

나는 자주 '마음의 온도'를 본다. 회의실에서, 현장에서, 엘리베이터 안에서, 복도에서 스쳐 가는 직원들과 나누는 짧은 인사 속에서 조직의 상태를 읽는다. 말투, 표정, 속도, 농담 하나에도 조직의 감정선이 드러난다. 건강한 조직은 온기가 있고, 서로를 향한 기본적인 신뢰가 배어 있다. 반면, 삐걱거리는 조직은 말수가 줄고, 표정이 굳으며, 질문이 사라진다. 이런 조직에서는 성과도 자연히 지체된다. 아무리 좋은 전략과 계획이 있어도 마음이 움직이지 않으면 실행되지 않는다. 마음은 눈에 보이지 않지만, 성과에는 반드시 드러난다.

좋은 마음을 조직 문화로 정착시키기 위해 무엇보다 중요한 것은 상호 존중이다. 리더는 구성원을 신뢰해야 한다. 그리고 그 믿음이 공허한 말이 아니라 행동으로 표현되어야 한다. 실수했을 때 감싸주는 리더, 실패했을 때 다시 기회를 주는 조직, 작지만 소중한 기여에 감사 인사를 잊지 않는 동료들이 있는 조직은 다르다. 이런 분위기에서 구성원은 자기 자신을 조직의 일부가 아닌 주인이라고 느낀다. 성과는 감정에서 시작된다. 조직이 사람을 믿을 때, 사람은 그 믿음을 실행으로 보답한다.

  조직 문화는 한순간에 바뀌지 않는다. 하지만 작은 실천이 반복되면 그것은 곧 공기처럼 스며든다. 서로의 이름을 부르고 알아주는 일, 감사의 표현과 배려가 일상이 되고 신뢰가 쌓이면, 조직을 하나로 묶는다. 따뜻한 문화는 강한 문화다. 그리고 강한 문화는 반드시 성과를 이끈다.

제도나 정책은 바뀔 수 있어도 마음은 오래 남는다. 마음이 동하지 않으면 변화도 실행도 없다. 반대로 마음이 움직이면, 아무리 힘든 변화라도 함께 헤쳐 나갈 수 있다. 마치 깊은 산에서 길을 잃었을 때, 나침반 하나가 방향을 잡아주듯이 조직의 마음은 변동성 속에서 흔들리지 않는 기준이 된다.

결국 리더는 전략보다 먼저 조직의 마음을 살펴야 한다. 냉철한 분석과 판단의 리더십에 더해 따뜻한 신뢰와 진정성이 동반될 때 조직은 강인한 생명력을 갖는다. 마음은 조직의 토양이다. 그 위에 뿌려진 실행과 전략의 씨앗은 건강한 뿌리를 내리고 자라난다. 좋은 결과를 원한다면, 먼저 마음부터 살펴야 한다. 그것이 지속 가능성의 출발점이다.

4장

하모나이저,
목적으로서의 조직 문화

조화와 균형을 이루는 조직 문화는 회사의 이윤을 위한 수단이 아니라 그 자체로 목적이다. 여러 기업에서 조화롭고 행복한 조직 문화를 만들기 위해 다양한 노력을 기울인다. 나 또한 경영진과 직원들 사이의 거리를 좁히고 소통과 협력을 통해 행복한 조직 문화로 바꾸기 위해 다양한 시도를 하며 꾸준히 노력해 왔다. 바쁘고 힘든 와중에도 끊임없이 회사의 근본 목적이 무엇인지를 되새기며, 직원들이 행복을 느낄 수 있는 직장, 상하좌우를 가리지 않고 원활하게 소통하며 오래도록 기억될 수 있는 조직을 만들기 위해 노력해 왔다.

이러한 활동들이 성과를 내기 위해서는 1회성 이벤트로 끝나지 않고 꾸준히 실천되어야 한다. 보여 주기 위한 조직 문화 활동은 오히려 조직원의 피로감을 쌓이게 할 수 있다. CEO의 진정성 있는 관심과 회사 차원의 여러 가지 지원이 어우러질 때 조직은 조금씩 조금씩 변화를 만들어 나간다.

HD현대일렉트릭은 많은 프로그램보다 직원들의 마음을 움직일 수 있는 프로그램을 선별하여 지속적으로 실천하기 위해 많은 정성을 기울여 왔다. 이 장에서는 우리가 실행한 프로그램의 일부를 소개하고자 한다.

조직의 체질 개선,
DNA 프로그램

내가 회사에서 가장 먼저 시작한 일은 조직의 체질 개선을 위한 DNA(Do it Now, Action!) 혁신 프로그램을 운영한 것이다. 취임 바로 다음 날 글로벌 컨설팅 회사 맥킨지를 통해 'DNA 혁신 프로그램'을 가동했다.

이 프로그램은 사실 조직 문화만을 대상으로 한 것이 아니라 회사 내 설계·구매·생산·영업·자금 등 전 분야의 체질 개선을 목표로 한 것이었다. 이를 통해 2년간 1,000개가 넘는 과제를 수행하는 대규모 프로젝트였는데, 목표는 회사의 일하는 방식을 글로벌 스탠다드에 맞게 바꾸는 것이었다.

DNA 프로그램은 글로벌 기업들이 회사의 '일하는 방식'을 혁신하기 위한 프로그램이다. 이 프로그램은 기존의 원가 절감 프로그램과 달리 직원들의 자발적 참여를 전제로 한다는 차별점이 있다.

많은 기업이 경영 상황이 어려워지면 전사적으로 원가 절감 프로그램을 가동해 왔다. 경비를 절감하여 회사의 경영 실적을 조금이라도 개선하고자 하는 목적이지만, 실행 단계에서는 원가 절감이라는 명분으로 임직원의 일반 관리비나 복지 후생비 등을 무리하게 줄임으로써 직원들의 반발을 샀고, 그로 인해 업무에 대한 불성실한 대응이라는 부정적 결과를 보여 주는 경우가 많았다. 또한 원가 절감이라는 미명하에 부품이나 원료를 지나치게 낮은 가격으로 구매함으로써 제품의 품질 문제가 발생하거나 협력 업체의 도산 등으로 배보다 배꼽이 더 커지는 부작용도 있었다.

비용 절감이라는 최종 목표를 앞세워 부서별 절감 목표 할당을 부여하고 그 성과에 따라 직원들을 평가하는 획일적인 방식으로는 부분적이고 단기적인 성과를 낼 수 있을지 모르지만, 중장기적으로 회사에 도움이 되는 방식은 아니었다. 오히려 부작용이 더 크게 나타나는 경험을 더 많이 했다.

세계적 컨설팅 회사인 맥킨지는 기존의 원가 절감 방식의 문제점을 꿰뚫어 보고 새로운 방식의 혁신 프로그램을 개발해 전 세계 300여 개 기업에서 시행함으로써 회사 실적을 개선하는 구체적 성과를 보여 주었다. 맥킨지 프로그램의 가장 큰 특징은 임직원이 직접 참여하여 개선 과제를 발굴하고 실행한다는 것이다. 물론 회사는 그 성과에 대해서 철저하게 보상하고 지원을 병행하는 것이 필수적이다.

맥킨지 요원은 프로젝트 코치 역할을 하면서 프로젝트 수행에 필요한 자료를 제공하고 경쟁사와의 비교 등을 돕는다. 프로젝트의 타당성을 검증하기 위해서는 여러 단계의 검증 프로세스를 마련하여 진행하는데, 회사의 CEO는 이러한 프로젝트 전체의 진행 속도를 점검하고 프로젝트 간의 균형을 맞추는 역할을 하게 된다.

이를 위해서 CEO는 매주 회의체를 직접 주재하며 운영하고 모든 과제 실행의 전 과정을 관리한다. 예를 들어 회사 제품의 소재가 세계 선진 기업이나 경쟁사의 소재와 어떤 차이가 있는지, 소재를 변경하거나 구매 선을 바꾸는 것이 얼마나 실적에 도움이 될 수 있는지를 점검해서, 직원이 개발한 프로젝트가 타당성이 있으면 즉시 실행하고, 실적 개선에 도움이 되면 프로젝트 오너에게 보상을 지급하는 시스템인 것이다.

이러한 혁신은 단순히 제품의 소재나 부품을 변경할 뿐만 아니라 수금 방식, 제품 제조 프로세스, 구매 방식 등 회사 경영 전반에 걸쳐서 일하는 방식을 혁신해 나가는 것이다.

이 프로그램을 도입한다고 했을 때 직원들의 초기 반응은 미온적이었다. 외부에서 영입한 사장이 또 다른 방식의 원가 절감 운동을 한다는 생각을 많이 했던 것 같다. 각자 본연의 일도 많은데 또 다른 추가적인 업무를 부여받는 것이 싫었을 수도 있다. 따라서 몇 가지 눈에 띄는 구체적 프로젝트를 개발할 필요가 있었다.

어느 날 대회의실에 모여서 우리가 생산하는 제품과 경쟁하는 선진 회사 제품을 분해하여 한 책상 위에 올려

놓고 직원들에게 메모지를 나눠 주고 각자가 느낀 차이점을 적게 한 다음 토론 시간을 갖도록 하였다. 직원들 스스로 우리 제품이 왜 부피가 더 크고 무거운지를 생각하고 상호 의견을 나누었는데, 이를 통해 새 프로젝트의 도입 필요성을 느끼는 것을 볼 수 있었다.

가장 어려웠던 분야 중 하나는 구매 개선이었다. 구매는 기존 거래처의 이해관계가 있기에 쉽게 바꾸기 어려운 속성이 있다. 하지만 이런 모든 어려움을 극복할 수 있었는데, 그 첫 번째 이유는 모든 직원이 회사의 어려움을 공감하고 있었기 때문이다.

CEO인 나는 그러한 공감에 함께하면서 이 프로젝트는 CEO 프로젝트라는 점을 강조했다. 아울러 이 프로젝트는 단기간에 끝나지 않고 계속될 것이라고 믿게 하면서, 프로젝트 수행에 따른 개인의 업무 부담을 최소화하고 프로젝트 참여자에게 성과에 따른 인센티브를 제공하는 시스템을 만들었다.

우리는 2년에 걸쳐 770여 명의 임직원이 참여해 1,700여 개의 과제를 성공적으로 수행해 냈다. 2년의 프로젝트 수행으로 상당한 성과를 실현한 후에는 맥킨지의 도움에서 졸업하고 우리가 독자적으로 해 나가는 방식으로 고유 프로그램인 HDNA를 실행하여 직원들의 일하는 방식을 완전히 글로벌 스탠다드에 맞출 수 있게 변화시켰다.

  4년에 걸쳐 DNA와 HDNA라는 두 개의 프로그램을 진행하는 과정에서 회사의 대표를 포함한 임직원 모두 끈끈한 동지애가 생길 정도로 크게 변했다는 점도 보이지 않는 성과 중 하나였다.

혹시 유사한 프로그램 도입을 생각한다면 반드시 염두에 두어야 할 것이 있다. 프로그램 도입 시 가장 중요한 요소는 CEO의 직접 참여와 관심, 그리고 원활한 소통이다. 형식적이고 의례적인 원가 절감 프로그램으로 전락하지 않도록 각별한 주의가 필요하다는 점도 강조하고 싶다.

  회사에서는 조직 문화 개선이라는 명분으로 직원 회식을 하거나 체육대회를 하는 등 업무 외적인 활동을 하는 경우가 많다. 이러한 활동도 나름의 성과를 기대할 수 있지만 직원들의 소통 욕구를 다 충족시키기는 어렵다. 최근의 추세는 업무 시간이 아닐 때 동료들과 가까워지는 것보다는 업무 과정 속에서의 원활한 소통을 원하는 경우가 더 많다. 혁신 프로그램은 구체적인 업무를 해 나가면서 소통을 통한 부드러운 조직 문화를 만들 수 있는 좋은 방법이다. 따라서 프로그램을 잘 운용한다면 회사는 지속 가능한 조직으로 거듭나고 직원의 행복 지수 또한 높아진다.

DNA 프로그램을 실행하는 과정에서 우리는 제품의 품질을 세계적인 수준으로 끌어올릴 수 있었다. 경쟁사인 GE와 지멘스 등의 제품을 뜯어보고 어떤 소재, 어떤 부품을 썼는지 철저히 분석했다. 경쟁사보다 '더 좋은 제품을 더 싸게, 더 빨리' 제공하는 것을 목표로 했기 때문이다. 제품의 원가와 성능의 경쟁력을 최대한 끌어올리고, 고객사가 원하는 납기를 맞추는 데 집중했다. 그 덕분에 코로나19 팬데믹 시기 글로벌 경쟁사들이 공장을 폐쇄했을 때도 HD현대일렉트릭은 납기를 철저히 맞추면서 고객의 신뢰를 쌓아 나갈 수 있었다. 한국의 빠른 일 처리 능력도 고객의 만족도를 올리는 데 일조했다.

   물론 운도 작용했다. 재생에너지에 대한 투자가 세계

적으로 늘어나고 있었고, 미국과 중동 등지의 인프라 투자가 확대되는 등 시장 상황이 호전되었다. 앞서도 언급했지만, "준비된 자만이 기회를 잡는다"라는 말처럼, 꾸준히 노력하고 준비한 덕분에 성공의 기회를 잡았다는 해석이 더 맞을 것이다.

일반 직원에게도 공개한 경영진 회의

회사나 조직은 많은 회의체를 운영한다. 최근 통신 수단이 다양해지면서 SNS나 단톡방을 활용하는 등 회의 진행 방식이 보다 다양해졌다. 하지만 회의실에 모여 직접 대면하면서 진행하는 회의는 아직도 회사의 중요 의사 결정 방법이다.

회사에 처음 부임하고 직원들의 애로 사항을 청취해 보니 가장 많은 불만 중 하나가 회의가 너무 많고 회의 시간이 지나치게 길다는 것이었다. 회의가 길어지면 회의에 참석한 참석자들의 집중력이 떨어져서 의사 결정이 효율적이 되지 못할 뿐 아니라, 간부들이 회의에 참석하는 동안 밖에서 대기 중인 직원들이 시간을 허비하는 문제점도 발생했다.

간부들이 과도한 회의 자료 작성을 요구할 경우 직원들의 입에서 일할 시간은 없고 회의 자료 준비에 들이는 시간이 너무 길다는 불만이 나오기도 했다. 회의 시간이 높은 직위에 있는 사람의 훈계 시간으로 변모하는 것도 경계해야 할 중요한 과제였다.

적절한 회의 개최, 효율적인 회의 진행이 중요하다는 판단 아래 기존에 있던 CEO 주재 회의 수를 대폭 줄이고 회의 시간은 한 시간을 넘지 않겠다고 천명했다. 그리고 나부터 종이 없는 회의를 하겠다는 생각으로 모든 회의 자료는 패드나 탭에 입력하여 페이퍼리스(Paperless) 회의가 되도록 했다. 발표 주제는 CEO가 꼭 알아야 할 일이나, 전 임원이 공유해야 할 정보 등으로 국한하고, 발표는 간략하게 했다. 무엇보다도 회의 주재자인 CEO가 말을 적게 하는 것이 중요했다.

이렇게 회의 방식을 개선해 나가면서 이런 회의라면 일반 직원들이 같이 참석해서 듣는 것도 좋을 것 같았다. 그리고 이를 곧바로 시행했다. 일부 간부는 경영의 중요 의사를 결정하는 회의에 일반 직원들이 함께하면 회사의 기밀 사항에 대한 보안이 우려되고, 간부들의 권위에 손상이 갈 수도 있다며 반대 의견을 제시했다.

나는 그러한 우려를 충분히 이해하지만 일단 시행해 보고 부작용이 있으면 다시 검토해 보겠다고 설득하면서 직원들의 참관을 시작했다. 일반 직원들이 경영 회의에 참관할 때 이들에게도 발언권을 줄까 하는 생각도 했지만, 간부들의 의견을 수렴해 회의 마지막에 간단한 참관평을 하는 것으로 조정했다. 제도 시행 초장기에는 참관 직원들을 선발하는 것도 어려웠고, 참관한 직원들이 마지막 참관평 발언을 약간 부담스러워하는 태도를 보였다.

그러던 어느 날 젊은 직원이 참관평을 하면서 "저는 저희 상무님이 이렇게 열심히 일하시는지 오늘 처음 알았습니다"라고 하자 회의 참가자 모두가 폭소를 터뜨렸다. 그때 나는 '이렇게 하기를 참 잘했구나' 하며 안도의 숨을 쉬었다.

이러한 프로그램은 일회성 행사에 그치지 않고 지속적으로 시행하는 것이 중요하다. 일반 직원들도 처음에는 참관을 두려워했지만, 시간이 흐를수록 자신에게 참관 기회가 언제 오나 하고 기대하는 사람이 많아졌다.

회의는 모두가 공유해도 좋을 내용으로 충분히 만들 수가 있었고, 언제나 보고하는 경영 실적은 계획 대비 초과 달성이 대부분이었기에 참관하는 직원들에게 자부심과 주인의식을 불어넣을 수 있었다.

회사의 주인의식을 가지게 하는 방법은 여러 가지가 있다. 회사가 어떻게 돌아가고 있는지를 투명하게 보여 주는 것도 그 가운데 하나다. 나는 이 프로그램을 통해 회사가 전체적으로 어떻게 돌아가고 의사 결정이 어떻게 이루어지는지 이해할 때 일선 직원들의 사기가 높아지는 것을 확인할 수 있었다.

그런데 언제부터인지 공장에서 일하는 생산직 직원들이 회의에 참관하기 시작했다. 인사 담당 임원에게 물었더니 일반 직원의 경영 회의 참관 프로그램이 소문나서 생산직 직원들한테서 정식으로 참관 요청이 들어왔고, 그 요청을 흔쾌히 받아들여 참관을 시작했다고 한다. 이런 모습이야말로 진정한 직원의 자발적 참여이고, 주인 의식의 발현이라고 생각한다.

생산직 직원들이 회의에 참관하면서 사무직 또는 관리자들을 이해할 수 있게 되었고, 관리자들도 생산직을 이해할 수 있게 되었는데, 이 또한 중요한 성과 중 하나다. 회사 부임 초기 회의에서 영업 부문은 공장에 문제가 있다고 미루고 공장에서는 영업이 좋지 않은 주문을 받아와서 회사가 어렵다고 변명하던 모습이 떠오르면서 '조직은 이렇게 변하는구나'라고 생각했다. 그리고 이렇게 소통하는 회사의 미래는 지속적으로 좋은 성과를 낼 수 있을 것이라는 자신을 갖게 되었다.

MZ세대가 멘토가 되는 '역 멘토링' 프로그램

HD현대 그룹에는 오래전부터 멘토링 제도가 있다. 새롭게 회사에 입사한 직원들은 회사가 마련한 소정의 교육과정을 거치게 된다. 사무직은 사무직대로 생산직은 생산직대로 회사 생활에 필요한 기본적인 교육을 받는 것이다. 회사는 보고서 작성 방식, 제품 제조 기본 프로세스, 설계 소프트웨어 활용 방법 등 다양한 교육 프로그램을 준비하여 신입 직원을 재교육시킨다.

하지만 현장에서는 이러한 기본 교육 프로그램에서 배울 수 없는 여러 가지 돌발 상황이 펼쳐진다. 그 예기치 않은 상황에 효과적으로 대처하기 위해서는 현장 경험을 기반으로 하는 일종의 노하우가 필요하다. 이를 암묵지(暗默知)라고 부른다. 멘토링은 일종의 암묵지 전달 과정이다. HD현대 그룹의 멘토링은 회사 생활의 암묵지를 배우고 부수적으로 선후배 직원 간에 친밀함도 쌓게 하는 제도다.

어느 날 인사 보고를 받으면서 우리 회사의 소위 MZ세대 인원 비중이 50%가 넘는다는 말을 듣고 깜짝 놀랐다. 제조업 현장인 공장이 많다 보니 직원들의 나이가 제법 많을 것이라고 막연히 생각해 왔던 나는 이 젊은 세대를 위해 무엇인가 특별한 일을 해야겠다고 마음먹었다.

MZ세대에 대한 여러 가지 책자를 읽고 주변의 다른

회사들의 조직 문화 활동을 벤치마크하면서 채택한 것 중 하나가 '역(逆) 멘토링 프로그램'이다. 세대가 다르다고 해서 모두 다른 것이 아니고 세대가 같다고 해서 모두 같을 수도 없지만, 다수의 생각에 맞추기 위해서는 세대 간의 소통이 필요하다고 생각했고, 그것을 위해서 적절한 방법을 찾기 위해 노력한 결과다.

'역 멘토링'은 MZ세대 직원이 '멘토(상담해 주는 측)'가 되고, 상무급 이상 임원을 '멘티(상담받는 측)'로 삼아 젊은 세대의 문화와 가치관을 공유하고, 임원진의 이해를 돕는 역할을 하도록 한 조직 문화 개선 프로그램이다. 이를 통해 세대 간 소통과 공감대 형성을 촉진하고, 젊은 직원들이 회사의 의사 결정 과정을 이해하고 참여할 수 있도록 지원했다.

프로그램을 설계하면서 나는 '역 멘토링'이 회사가 강제하는 부담스러운 프로그램이 되지 않아야 한다는 점을 가장 강조해서 당부했었다. 프로그램에 참여하는 사람들이 시간뿐 아니라 경제적으로도 부담을 갖지 않아야 하고, 더 나아가서는 행복한 시간을 가질 수 있도록 회사가 지원하는 방식으로 진행되기를 바랐다.

특히 멘티로 참여하는 임원들의 마음가짐이 중요함을 여러 차례 강조했다. 마음을 열고 이 프로그램을 통해 젊은 세대의 가치관과 문화를 이해하고, 이를 가정에서 자녀들에게도 다시 써먹을 수 있다는 열린 생각으로 프로그램에 임해 주기를 당부했다.

'역 멘토링'은 대개 4개월 동안 진행되었다. 참가자들의 프로그램 진행에 대한 부담을 줄이기 위해 프로그램을 진행하는 기간 동안 함께 식사하고 소통하는 활동에 필요한 경비는 회사가 지원했다. 프로그램을 마친 후에는 경영 회의에서 간단하게 활동 성과를 보고하는 것으로 부담 없이 '역 멘토링' 활동을 마무리할 수 있게 했다.

많은 멘토와 멘티들은 젊은이들이 즐겨 하는 보드게임이나 캠핑 등의 야외 활동을 함께 했다고 보고했다. 식사할 때 메뉴는 멘토인 젊은이들이 정했는데, 그 덕분에 임원들은 50여 년을 살아오면서 평생 처음 경험한 음식과 식당이 많았다고 보고했다. 시간이 지난 후 피드백을 보면 프로그램에 참여한 사람들 모두 상대방 세대를 이해할 수 있는 의미 있는 시간이었다는 것이 공통된 의견이다.

나는 이 프로그램이 급변하는 경영 환경에서 새로운 아이디어와 창의적인 사고를 장려하고, 미래 성장동력을 확보하는 데 상당히 기여했다고 본다. 특히 임원들의 경우 젊은 인재들의 시각을 직접 접함으로써 변화하는 트렌드를 읽고 미래를 대비하는 데 큰 도움을 받았다고 한다. 후배 직원이 선배들에게 젊은 세대의 문화를 전달하는 방식은 앞으로도 다양한 방식으로 진화해 나갈 것이다.

세대의 문제를 몇 가지 프로그램으로 해결할 수는 없다. 그리고 세대가 같다는 것이 모든 것이 같음을 의미하지도 않는다. 20대임에도 꼰대가 있을 수 있고, 70대에서도 좋은 멘토가 있을 수 있다. 영화 〈인턴〉의 주인공처럼.

우리가 '역 멘토링' 프로그램을 설계하면서 착안했던 점은 세대 간의 '다름'이 아니라 세대 간에 '서로 잘 모른다'는 것이었다. 그리고 서로를 알기 위한 시간도 많지 않다는 것이었다. 나는 '역 멘토링' 프로그램을 통해서 서로를 알 수 있는 시간을 만들어 주고 싶었다.

몇 년에 걸쳐 이 프로그램을 운영하자 생산직 직원들한테서도 기회를 달라는 요청이 들어왔다. 일반인이 생각하는 것보다 더 위계가 엄정한 생산 현장에서 '역 멘토링'을 하고 싶다는 건의를 들었을 때 나는 이 프로그램이 나름의 성과가 있었다고 생각했다. 지금도 현장에서의 '역 멘토링' 프로그램은 순항을 계속하고 있다.

출근길에 만나는 '석다방'

회사 경영은 여러 가지 악기를 연주하는 교향악과 비슷하다. CEO는 악단의 지휘자로서 모든 연주자를 파악하고 그들과 눈을 맞추고 그들의 연주 능력을 최대치로 끌어내야 한다.

CEO는 우리가 만든 제품을 구매할 고객에게 우리의 제품을 설명하는 영업 활동에서부터, 기술 개발, 제품 설계, 생산, 그리고 협력 업체와의 관계 등 다양한 악기가 조화를 이루도록 조율해야 한다. 아울러 ESG 경영 등 새로운 흐름에 뒤처지지 않게 대응해야 하는 것도 CEO의 중요한 업무다.

나는 오랜 기간 공직에 있었고 전력회사의 사장 경험도 있지만, 공학을 배운 배경이 없기에 기술적 전문성이 부족할 수밖에 없다고 판단하고, 제품 설계와 생산 현장에 대해서는 담당 간부들에게 많은 권한을 위임했다. 지금도 나는 그러한 위임 방식이 맞다고 생각하고, 그렇게 시행해 왔다고 자부한다.

전력회사에서의 3년 근무 경험과 전력기기 제조 회사인 HD현대일렉트릭에서의 근무 기간이 쌓여 갈수록 기술적 지식이 향상되었지만, 해당 분야를 전공하고 직접 경험한 임원들이 나보다 더 나은 결정을 할 수 있다는 믿음이 있었기 때문이다. 결과에 대한 책임은 내가 지되, 권한은 위임하는 리더십이 필요하다고 생각했다.

하지만 공장에 대한 권한을 위임하고 결과를 평가하는 것만으로는 부족했다. 품질 관리를 목적으로 공장을 순시하는 것만으로는 직원들과 마음을 공유하기 어려웠다. 공장에서 일하는 직원들에게 나 또한 마음을 함께하고 있음을 표현하고 싶었다. 그런데 어떻게 하면 이러한 내 마음을 잘 표현할 수 있을까? 이런 고민 끝에 현장의 직원들에게 작은 선물을 주는 프로그램을 기획했다.

한수원 사장 시절 일회성으로 기획해서 시행했던 현장 직원 간식 제공 프로그램을 보완해 지속 가능하고 체계적인 새로운 방안을 만들었다. 그것은 바로 국내외 공장에서 한두 달에 한 번씩 CEO가 직접 앞치마를 두르고 출근하는 직원들에게 빵과 커피를 나누는 이벤트 행사였다. 이를 '석다방'이라고 명명했는데, 내 이름에서 따온 것이다.

행사를 주관하는 나도 처음에는 쑥스러웠다. 사무실에서 보고를 받거나 회의를 주재하거나 현장에서 지시하는 일과는 결이 달랐기 때문이다. 하지만 앞치마를 두르고 미소를 머금고 차와 음료를 나누어 주는 일이 익숙해지는 데에는 그리 오랜 시간이 걸리지 않았다. '석다방' 덕분에 직원들과 아침 인사를 나누고 가벼운 농담을 주고받으면서 서로 깊숙한 동료 의식을 느끼는 시간을 가질 수 있었다.

프로그램의 시작은 코로나19로 인해 오랜 기간 재택근무를 하던 직원들이 다시금 회사로 복귀하는 출근길에서였다. 이후 '석다방'은 점차 국내외 공장과 사무소로 확대

되었고, 행사에 대한 반응이 좋아서 협력 업체에까지 진출하였다.

 '석다방'을 통해 아침의 짧은 출근 시간 동안 직원들에게 간단한 차와 음료를 나누어 주었지만, 이를 직접 받은 직원들은 회사가 자신들에게 관심을 가지고 있고, 특별한 배려를 하고 있다는 인상을 받았다고 한다. 나로서도 직원들의 활기찬 모습을 보며 하루를 시작할 수 있어서 좋았다. 만나는 직원들도 "출근길 깜짝 선물로 기분 좋게 하루를 시작할 수 있었다"라며 직장 내 소통의 장이 더 많이 만들어졌으면 좋겠다는 반응을 보였다.

 경영자들은 종종 직원들의 노고에 대한 보상을 금전적으로 하려는 경향이 있다. 하지만 금전적 보상은 그것을 계속하지 못하는 상황이 되었을 때 또 다른 직원들의 불만 요소가 될 수 있다. 금전적 보상은 노사 간의 임금 협상이나 공식적인 기회를 활용하는 것이 조직 안정에 도움이 된다. 직원들의 자존감을 높이기 위해서는 별도의 마음의 이벤트를 준비하라고 권하고 싶다. '석다방'은 작은 마음의 선물이 조직 문화로 자리 잡은 좋은 사례라고 할 수 있다.

'사장으로부터의 편지'를 쓰다

나는 김대중 대통령 재임 시절 대통령 비서실에서 근무했다. 김대중 대통령은 해박한 지식과 끊임없는 자기계발 노력으로 유명한 분이었고, 그분을 모시는 비서실은 항상 긴장의 끈을 놓을 수 없었다.

여러 가지 일 중에서 가장 인상적인 기억은 대통령의 해외 순방 후 항상 개최하던 대국민 보고 기자회견이었다. 거의 30년 전이기에 해외에 나간다는 의미가 지금과는 사뭇 다를 때였다. 교통과 통신이 지금 같지 않았기에 대통령의 해외 순방은 훨씬 더 대통령 부재의 의미가 크게 느껴졌으며, 해외에서 국가 원수가 어떤 일을 했는지 알기도 매우 어려웠다.

김대중 대통령은 이런 점을 감안하여 해외 순방 후에는 꼭 국민에게 순방 결과를 설명하는 기회를 가졌다. 보통은 기자회견 형태로 진행되었는데, 김 대통령은 해외 순방 일정과 결과를 하나하나 예를 들어가면서 소상히 설명하곤 했다. 젊은 행정 관료인 나로서는 그러한 대통령의 모습에서 국민을 대하는 공인의 자세가 어떠해야 하는지를 배웠고, 그런 마음으로 공직을 수행해야겠다고 다짐했었다.

HD현대일렉트릭에서 여러 가지 조직 문화 개선 활동을 진행하면서 '조금은 부족하다'라는 생각을 항상 하고 있었다. 나름대로 잘 만들어진 프로그램을 많이 도입했지만, 다른 직원들의 도움 없이 사장이 직접 하는 일이 아니기에 그랬던 것 같다. 경영 현황 설명회 방식도 여러 차례 바꿔 봤지만, 회사 업무를 전달해야 하는 목적이 있어서인지 딱딱할 수밖에 없었다.

이때 김대중 대통령의 대국민 보고 모습이 떠올랐다. 조직의 리더는 최고 의사 결정 권한을 가지면서 동시에 자신이 조직을 위해서 하고 있는 공적인 일을 조직원에게 보고할 의무를 갖는다는 생각이 들었다. 고민 끝에 생각한 것이 편지를 쓰는 일이었다. 한 달에 한 번 '사장으로부터의 편지'라는 이름으로 전 직원에게 메일을 띄웠다. 글을 쓰는 일이 쉽지 않았지만 즐거운 마음으로 시작할 수 있었다.

첫 편지를 보낼 때는 드라마 〈미스터 션샤인〉을 몰아보고 있을 때였다. 나 같은 기성세대가 느끼는 구한말 우리의 역사는 아프고 칙칙하다. 뭔가 잘못되어 나라를 뺏기고 불행해졌던 시간이기에 그다지 돌아보고 싶지도 않고, 예쁘고 아름다웠던 것이 있었으리라는 생각도 들지 않는다.

하지만 드라마는 그 시절 젊은이들의 이야기를 순수하면서도 강인하게 역사 앞에 섰던 모습으로 묘사한다. 이런 이야기를 두세 문장으로 편지에 담았다. 몇몇 직원들은 자신도 그 드라마를 재미있게 봤다면서 같은 드라마를 본다는 것만으로도 공감하는 분위기였다. 우리가 동시대를 같이 살아가는 동료임을 느끼는 시간이었다. 덕분에 편지를 보내는 일에 자신을 갖게 되었다.

'사장으로부터의 편지'에는 한 달 동안 있었던 회사 관련 중요한 사안에 대해 직원들에게 보고하는 내용을 꼭 담았다. 해외 출장을 다녀오면 어떤 목적으로 어디에 다녀왔고 얼마나 성과가 있었는지를 언급했고, 국내에서 일어난 중요한 일정도 가능한 빠지지 않도록 최선을 다해 편지를 썼다.

물론 업무 이야기만으로는 편지가 지나치게 딱딱해질 수 있기에 내가 살아가는 이야기도 포함했다. 가능하면 사장이 하고 싶은 말이 아닌 직원들이 듣고 싶은 이야기를 쓰고 싶었고, 또 그렇게 노력했다.

편지는 A4 용지 2쪽 이내로 썼으며, 작성된 편지는 매월 마지막 주에 열리는 안전 경영 회의에서 임원 부서장들 앞에서 3분 정도 읽어 주고 다른 직원들에게는 사내 메일로 보냈다. 2022년 3월에 시작된 사장으로부터의 편지는 내가 부회장으로 승진하고 업무를 신임 사장에게 인계한 2024년 말까지 계속되었다. 총 33번의 편지는 내가 HD현대일렉트릭과 함께한 소중한 기록이다. 우리 직원들도 이를 소중한 시간으로 기억하기를 기원해 본다.

모두의 축제, 'HE 컨퍼런스 데이'

회사에 부임하고 6개월쯤 지나자, CEO가 직

원들에게 회사 경영 현황을 직접 설명하는 것이 그룹의 오랜 전통이라면서 경영 현황 설명회를 해야 한다는 보고를 받았다. 2020년 6월은 코로나19 팬데믹이 막 시작되어 많은 사람이 모이는 일이 강하게 제한되었던 데다 회사 경영 실적도 그다지 좋지 않았던 시기였다. 이런 상황에서 설명회를 하는 일이 썩 내키지는 않았다.

하지만 회사의 오랜 전통을 무시하고 설명회를 하지 않는 것도 부담스러웠고, 직원들에게 회사 상황을 충분히 알리는 소통이 중요하다고 생각하는 내 경영 철학에도 맞지 않다고 생각했다. 그래서 생각해 낸 방법이 소수 인원 앞에서 설명회를 진행하고, 이를 영상으로 촬영해 전 직원에게 전달하는 방식이었다.

직원들에게 온라인으로 보내면서 기왕이면 기존에 하던 대로 메일로 보내는 것과 더불어 유튜브로 제작하여 배포하는 방법을 추가하였다. 유튜브 제작을 위해서는 설명회의 내용을 축약해서 시간을 줄이는 추가적인 노력이 필요했지만, 보다 더 많은 사람에게 알린다는 의미가 있기에 이 새로운 방법을 선택하였다.

시간이 흐르면서 경영 현황 설명회는 계속 진화해 갔다. 회사의 경영 현황과 사내 소통 문화 증진을 목표로 진행했는데, 무엇보다도 재미있게 만들려고 노력했다. 딱딱한 설명회가 아닌 임직원 모두가 즐길 수 있는 행사로 탈바꿈하기 위해 우선 행사 명칭을 바꾸기로 했다. 몇 사람의 아이디어에서 벗어나 많은 직원에게 명칭 공모를 했고, 그래서 채택된 이름이 'HE 컨퍼런스 데이'다.

'HE 컨퍼런스 데이'는 이후 다양한 프로그램으로 구성되었는데, 행사는 현장에서 오프라인으로 이루어졌지만 동시에 실시간 라이브로 유튜브 생중계를 통해 더 많은 임직원의 참여를 유도했다.

프로그램은 'HE는 지금' 및 '라이브 Q&A', '메일 보는 사이', '초청 강연', 'X 퀴즈' 등 다양했다. 그중 '라이브 Q&A'는 CEO가 사전 시나리오 없이 전 직원에게 실시간으로 질문을 받고 즉답하는 형식으로 진행되었다. 처음에는 예상치 못한 당황스러운 질문이 있었지만, 시간이 지나면서 자리를 잡아갔다. 직원들도 솔직하게 자신들의 얘기를 질문했고, 즉석 답변으로 모자란 것은 해당 부서가 끝까지 답을 마련해 줄 수 있도록 진행하였다.

'메일 보는 사이' 프로그램은 평소 이메일과 전화로만 연락을 주고받았던 직원들이 실제로 마주하는 이벤트다. 같은 팀에 소속되어 있지만 근무지가 용인 연구소와 울산 공장으로 떨어져 있어서 한 번도 만나지 못했던 직원들이 처음 대면하는 자리였는데, 이런 자리를 마련하는 것만으로도 무척 뜻 깊은 이벤트라는 평가를 받았다.

앞으로도 'HE 컨퍼런스 데이'는 계속 진화해 나갈 것이라 기대한다.

사람 중심의
피플앤컬처팀

몇 가지 조직 문화 개선을 위한 프로젝트를 진행하면서 회사의 분위기가 서서히 변하는 것이 눈에 들어오기 시작하였다. 고무적이었다. 다만 지금까지의 프로젝트는 몇몇 사람의 아이디어와 다른 기업의 조직 문화 사례 중에서 좋은 것을 벤치마크하는 방식으로 선별된 것이었다. 만약 조직 문화를 보다 더 제도화하고 체계적으로 자리 잡을 수 있게 한다면, 이 활동들 또한 지속 가능하겠다는 생각이 들었다.

조직 문화 개선 프로그램은 체계적으로 추진하지 않으면 일회성 행사로 끝날 수 있었다. 그렇다고 전담 조직을 만들어 제도화하면 관료화의 위험에 빠질 수 있었다. 조직 문화를 담당하는 조직을 새로 만들면 자칫 그 자체가 부담스러운 추가적인 업무로 변질할 수도 있었다.

나로서는 내가 이곳을 떠나고 나서도 좋은 조직 문화를 가진 회사, 임직원 모두가 행복한 회사로 오래 지속될 수 있었으면 싶었다. 그러한 바람으로 과감하게 새로운 조직을 만들기로 결심했다.

제도화 방안은 몇 가지 대안을 가지고 추진하였다. 우선 전담팀을 만들어 조직 문화 전반을 관장하게 했다. 팀명은 영어 이름이지만 젊은 직원들의 취향에 맞추어 '피플앤컬처팀(People&Culture Team)'으로 정했다 이 팀은 조직 문화 전반을 관리하면서 우리 회사만의 차별화된 '핀셋 복지'를 구현하는 일도 담당하였다. 팀 이름에서 드러났듯이 이 팀의 목적은 사람을 중심으로 하는 문화를 만들어 가는 것이었다. 직원들의 폭넓은 참여가 바탕이 되어 회사의 조직 문화를 바꿔 가는 첨병 역할을 했다.

또 다른 방법은 조직 내에 조직 문화 전담관(CA, Change Agent)을 두기로 했다. 피플앤컬처팀이 회사 전반의 조직 문화를 담당한다면, CA는 개별 부서에서 조직 문화를 담당하면서 개별 직원의 요구와 회사 전체를 연결하는 역할을 수행한다.

피플앤컬처팀은 회사의 행동 준칙(Code of Conduct)을 만들었고, CA는 지금도 직원들의 밑바닥 정서를 파악하기 위해 노력하고 있다.

하모나이저 조직 문화, 무엇이 다른가

어느 회사나 조직 모두 좋은 조직 문화를 구축하는 일은 쉽지 않다. 특히 기업에서는 조직 문화 활동이 자칫 직원들의 추가적인 노동력을 요구하는 수단으로 변질되는 것을 경계해야 한다.

하모나이저는 진정성을 가지고 조직 문화 자체를 목적으로 삼는다. 목적으로서의 조직 문화가 자리 잡기 위해서는 회사가 존재하는 이유에 대해 분명한 공감대를 형성해야 한다. 앞서 2장에서도 언급했듯이 직원이 행복한 회사, 출근이 기다려지는 회사를 만들어야 한다는 점을 다시금 강조하고 싶다.

'HE 컨퍼런스 데이' 유튜브 방송은 직원뿐 아니라 일반인들에게도 꽤 잘 알려져 있는 듯하다. 언젠가는 공중파 방송에서 출연 섭외가 들어왔는데 그 경위를 물어보니 우리 유튜브 방송을 보고 방송 출연을 섭외할 생각을 했다는 답변이 돌아왔을 정도다.

물론 행복한 회사의 필요조건은 좋은 실적의 경영 성과다. 실적과 성과에 대한 건강한 스트레스를 받으면서 조직과 동료에 대한 신뢰가 있는 회사라면 그러한 스트레스마저도 행복의 발판이 될 수 있다. 하모나이저는 소통에서 출발하여 이해와 공감으로 마무리된다. 이러한 과정을 통해서 공동의 성과도 이루어 내고, 모두의 행복도 극대화될 수 있다고 본다.

5장

통주저음

통주저음(通奏低音, Basso continuo)'은 바로크 시대 유럽에서 유행한 음악의 특징으로, 쉼 없이 계속해서 연주하는 베이스음을 의미한다. 음악의 뼈대를 이루는 역할을 하는데, 연주자는 즉흥적으로 화음을 연주해 이를 완성한다. 음악의 흐름을 끊지 않고 이어 주는 연속성에 더해 연주자의 창의적인 해석이 조화를 이루는 것이 핵심이다.

이 장을 '통주저음'이라 이름 붙인 이유는, 이 장의 글들이 하모나이저의 밑바닥에 유유히 흐르는 경영 철학과 에너지 정책에 대한 생각들을 담았기 때문이다. 이러한 생각을 바탕으로 하모나이저 경영을 다양하게 변주해 왔으며, 오랜 경험과 지금도 주된 관심사 중의 하나인 산업·에너지 정책을 중심으로 여러 가지 생각들을 모아서 소개한다. 앞 장의 글들을 뒷받침하는 베이스음 역할을 하기를 기대한다.

경영과 '협력의 역설'

정부나 공기업 등 공적 기관은 국가에 대한 충성, 사회에 대한 봉사, 또는 공동체의 이익이라는 공적 목표를 추구한다. 따라서 공적 기관에 소속된 개인은 조직의 목표를 개인의 이익보다 우선시하게 된다. 때로는 공공의 이익을 위해서 개인의 희생을 감수하기도 한다.

폭우나 가뭄 같은 자연 재해 때에는 휴가를 반납하고, 코로나와 같은 감염병에도 개인의 시간을 희생하고 공동체를 위해서 기꺼이 사용한다. 비록 보수는 적지만 보람은 크고 그런 헌신이 사회를 굴러가게 한다. 이타적으로 살고 있다는 자부심은 이들을 움직이는 가장 큰 동기다. 가끔은 비효율적인 조직 운영이나 일부의 우월적 태도로 비판을 받기도 하지만, 그것이 공적 기능의 높은 가치를 부정하지는 못한다.

민간 기업은 부가가치를 창출해야 한다. 부가가치를 만들어 내지 못하면 본래의 목적인 이익의 극대화를 이루지 못하기 때문이다. 부가가치를 창출하는 과정에는 많은 사람들과의 협력이 필요하다. 생산을 위해 필요한 부품과 서비스를 제공해 주는 업체, 기술과 아이디어를 제공하는 사내외 연구자, 판매를 대신해 주는 대리점이나 특약점, 그리고 고객, 이들 모두가 기업과 함께 상생해야 할 대상이다.

내부를 보면 회사의 방향을 제시하는 기획 부서를 비롯하여 영업, 생산, 관리 등 여러 조직이 유기적으로 협심해야 한다. 끊임없이 계속되는 각종 회의는 소통을 통하여 최적의 해법을 모색하기 위한 시간이다. 최적의 대안을 찾기 위해서는 상호 존중을 바탕으로 각자 입장의 차이를 인정해야 한다.

애덤 카헤인은 그의 저서 《협력의 역설(Collaboration with

the Enemy)》에서 '적화(enemyfying)'라고 표현할 수 있는 현상을 설명한다. 인간은 습관적으로 '적은 항상 내가 아닌 남인 법이다'라고 생각하기 때문에 협력은 본질적으로 어려운 일이라고 그의 경험을 토대로 말하고 있다. 내 생각이 틀릴 수 있다고 인정하고, 다른 사람의 생각을 받아들여 내 생각과 다른 결론을 내릴 수 있어야 하지만 대부분의 사람은 그렇지 못하다는 것이다.

따라서 무리한 협력을 추구하여 더 큰 갈등을 만드는 것보다는 각자의 생각을 인정하면서 공동의 목표를 추구하는 새로운 방식을 제안한다. 그는 이것을 '스트레치 협력'이라고 말한다. 자유와 개인주의, 그리고 다양성이 커지면서 개인의 목소리는 높아지고 소속과 정체성은 불안정한 현대 사회에서 새겨 들을 만한 협력의 방식이다.

기업 안에서, 그리고 대외 관계에서 우리는 생각도 다르고 호감도 신뢰도 없는 사람과 더불어 일을 해야만 하는 상황에 마주친다. 나의 이익을 극대화하기 위해서 상대방의 이익을 무시한다면 어느 누가 기꺼이 협력하겠는가? 누구라도 자신의 이익을 완전히 포기하는 것은 본질적으로 어렵다는 것을 인정하고 상대방을 대할 것을 권고한다.

  나 자신이 양보할 생각이 추호도 없으면서 상대방의 양보를 전제로 하는 합의를 강요하면 진정한 의미의 협력이 이루어질 수 없다. 각자의 입장을 지키면서도 상호 이익을 극대화할 수 있는 대안을 찾는 것이 필요하다. 적어도 '현재 상황이 바람직하지 않고 더 나은 상황을 만들기 위해서는 상대방과의 협력이 필요하다'라는 작은 전제에서부터 시작해 보자.

우주의 질서, 코스모스

  추석 무렵 코스모스 꽃 사이를 날고 있는 고추 잠자리를 보면서 평화로운 감상을 느꼈던 기억이 있다. 코스모스는 가을의 정취를 물씬 풍기며 평화로운 분위기를 자아내는 꽃이다. 코스모스(cosmos)는 '질서 정연한 우주'라는 또 다른 의미가 있다.

미국의 천문학자 칼 세이건(Carl E. Sagan, 1934~1996)은 과학의 대중화를 위한 그의 역작을 '코스모스'라 제목을 붙였다. 그리고 이 작품과 같은 이름의 텔레비전 시리즈를 통해 많은 미국인에게 과학과 우주를 생각하고 이해할 시간을 갖게 했다. 그는 "과학 기술에 절대적으로 의존하는 사회에서 살고 있으면서 과학 기술을 이해하지 못하는 것은 재앙으로 가는 확실한 처방"이라고 주장한다. 공동체의 행복을 위해서는 과학 기술의 불편한 진실에 정면으로 마주해야만 할 때가 있다. 지난 60년 한국 경제의 기적적인 발전은 우리 모두의 헌신적이고 열정적인 노력과 더불어 과학 기술과 그것을 이용한 개발이 있었기에 가능했다.

세계는 급변하고 있고 대한민국은 새로운 도전을 마주하고 있다. 세계적인 석학 재레드 다이아몬드(Jared Diamond)는 위기를 위기로 인정하는 데에서 위기 극복이 시작된다고 설파한다. 각자도생의 시대로 접어든 새로운 세계에서 우리는 어떻게 살아남을 것인가?

먼저 과학 기술을 기반으로 하는 국가 경쟁력만이 우

리가 살길이다. 무엇보다 먼저 해야 할 일은 기초 과학을 존중하고, 이를 연구하는 과학자들이 존경받는 사회를 만들어야 한다. 정부가 나서서 무엇인가를 육성하려는 조급함을 버리고 긴 호흡으로 사회적 분위기를 만들어 가야 한다. 대학의 자율성 극대화, 연구 성과에 대한 중장기적 평가 등 원칙에 충실하면 가능한 일이다.

두 번째로는 소재, 장비, 소프트웨어 등 미래의 먹거리를 키워 나가야 한다. 언제부터인지 우리 사회에서 산업의 국제 경쟁력, 세계 일류상품 등의 용어를 듣기가 어려워졌다. 대한민국의 반도체, 자동차, 선박, 디스플레이, 휴대폰 등이 세계 시장에서 팔릴 수 있었던 것은 그것들이 국제 경쟁력을 갖췄기 때문이다. 앞으로도 이러한 경쟁력을 유지하고 키우기 위한 노력을 게을리하지 않아야 한다.

그러기 위해서는 공과 대학이 존중받아야 하고, 본사보다는 현장에서 일하는 직원이 대우받아야 한다. 기술력 있는 엔지니어가 회사의 경영 책임자가 되어야 하며, 국가 운영도 과학과 기술을 기반으로 재편해야 한다. 과학 기술의 융성만이 국가의 부를 증대시킬 수 있다는 것을 역사는 말해 주고 있다.

세 번째로는 공정한 사회를 통한 상호 존중이다. 압축적 경제 성장기를 지나 국민소득 3만 불의 시대로 접어들면서 우리는 과정을 중요시하는 사회가 되었다. 개인 간의 격차가 점점 커질수록 과정의 공정성이 중요해진다. 과정이 공정하지 않으면 결과를 받아들이지 못하게 된다.

공정함의 가치에 대해서는 누구도 이의를 제기하기 어렵지만, 무엇이 공정한지는 만인의 의견이 다를 수 있다. 이제 우리에게 남겨진 것은 모두가 받아들일 수 있는 공정함은 무엇인지, 그리고 누가 그것을 결정할지의 문제다. 각자가 공정함을 외치다가 모두가 낮아져서 세계 무대에서 뒤처질 수는 없다. 기계적 평등이 아닌 경쟁력 있고 생명력을 갖춘 공정함이 필요한 이유이다.

인류의 가장 오래된 고전인 성경에도 "게으름뱅이에게는 가난이 부랑자처럼, 빈곤이 무장한 군사처럼 들이닥친다"라는 구절이 있다. 부지런한 삶과 그것을 통한 경쟁력이 필요하다는 의미이다. 더불어 잘 살기 위해서는 더불어 살자는 목소리 못지않게 잘 살고 싶다는 소리가 들려야 한다. 경쟁력 있고 잘하는 사람이 좋은 결과를 가져가야 한다. 작업복을 입고 일하는 사람도, 펜을 들고 일하는 사람도, 노래하고 춤추는 사람도 모두 인정받아야 한다. 그러나 **잘하는 사람과 못하는 사람은 구별되어야 한다.** 바로 이것이 우주의 질서인 코스모스의 원리다.

사라진 언어, '경쟁력'

우리가 선택한 시장경제 체제는 경쟁을 기본 원칙으로 삼고 있다. 개인의 욕망이 치열하게 부딪히는 시장에서는 경쟁에서 이긴 자만이 살아남는다. 개인은 타고난 재능과 성실히 일하는 노력 그리고 인간관계를 통해 평가받는다. 기업은 경영자의 리더십, 기업이 보유한 기술적·영업적 역량, 조직원의 단합 등이 필요하다. 개인은 개인대로 기업은 기업대로 시장 안에서 치열하게 경쟁한다. 적당히 타협하고 승부를 미루는 순간 사회의 발전은 멈추고 만다. 더불어 잘 살기 위해서는 어쩔 수 없이 승패를 갈라야만 한다.

정부는 국가 안에서 경쟁에서 패한 국민을 보듬어 안는다. 재기의 기회를 주기도 하고 복지의 혜택을 주기도 한다. 어떤 경우에는 '게임의 규칙'을 바꾸기도 한다. 그러나 국가의 품이 넓지 않으면 그마저도 할 수 없다. 국민 경제가 지속적으로 성장해야 하고, 경쟁의 승자가 주변을 위하여 기꺼이 자기가 가진 것의 일부를 국가에 납부해야 한다. 성장하지 않는 경제는 분배도 할 수 없기에 성장과 분배는 동전의 양면이다. 역사에 남는 **좋은 정부는 성장과 분배의 균형을 잃지 않은 정부다. 어느 한쪽에 치우치지 않고 국민 모두를 포용하는 마음가짐이 있어야 균형 있는 정부가 될 수 있다.**

시야를 국제 사회로 돌려 보면 상황은 달라진다. 국제 사회는 국가와 국가의 힘이 부딪히는 곳이다. 경쟁력이 없는 국가는 국제 사회에서 누구도 거두어 주지 않는다. 국가와 국가는 치열하게 부딪히고 패배는 용납되지 않는다. 어떠한 국제 규범도 자국의 이익보다 우선할 수 없다.

19세기 근대화에 실패한 대한민국은 100년의 고통스러운 시간을 견뎌야 했고, 이후 한강의 기적을 이루어 내고 비로소 국가로서의 대접을 받게 되었다. 그 과정은 힘들고 고통스러운 노력의 연속이었다. 밥은 굶어도 자식을 학교에 보내는 교육열, 어깨너머로 배운 기술을 국산화하는 집념, 거북선 그림 하나로 선박 건조를 수주하는 도전이 있었기에 오늘의 한국 경제가 가능했다. 그리고 그 밑바닥에는 치열한 경쟁만이 살길이라는 본능적 의지가 자리 잡고 있었다.

언제부터인가 우리 사회에서는 '경쟁력'이라는 언어가 사라졌다. 금기의 언어라고 말하는 것은 지나칠 수 있으나 굳이 사용하지 않으려는 경향이 있는 것은 사실이다. 세계적인 언어 철학자 비트겐슈타인은 "언어는 보여 줄 수 있는 세계를 정확히 보여 주는 것"이라고 했다. 이는 곧 언어를 통해 알 수 없는 세계는 볼 수 없는 세계라는 의미가 될 수 있다. '경쟁력'이 사라진 언어가 된 이유는 남보다 더 잘하는 것보다는 더불어 잘사는 것이 더 높은 가치로 평가받기 때문이다. 하지만 **경쟁력이 사라진 언어가 된 나라는 역사의 승자가 될 수 없다.** 냉정하고 겸손하게 우리를 돌아볼 때다.

경제는 끊임없는 마라톤

내가 어릴 적 살던 마을의 이름은 '물앙말'이다. 그 시절에는 의미도 모른 채 비슷한 발음으로 불렀던 기억이 난다. 최근 전주시의 마을 조사 사업 동심(洞心) 찾기에 따르면, '물앙말'은 마을 가운데에 공동 우물이 있었고, 그 물맛이 좋아서 붙여진 이름이라고 한다.

1970년대 대한민국의 여느 마을과 비슷하게 우리 마을도 판잣집과 더불어 평평한 슬라브의 시멘트 집, 변형된 형식의 한옥들이 뒤섞여 있었다. 지금의 기준으로 보면 대부분은 가난했고, 내가 다니던 국민학교(지금의 초등학교)는 오전반과 오후반이 별도로 운영될 정도로 학생이 많았다.

모두가 가난했던 그 시절에 들었던 "가난은 부끄러운 것이 아니다. 다만, 불편할 뿐이다"라는 말이 기억에 남는다. 그래서인지 부끄러워하지 않고 열심히 공부하고 일하며 살아왔다. 지금 우리의 모습은 그러한 노력의 결과일 것이다.

가난했던 그 시절에도 동네에는 '부잣집 아들'이 있었다. 지금 우리의 경제 수준과 비교하면 부자라고 말하기도 민망하겠으나 그때는 주위의 부러움을 살 만큼 여유 있는 가정환경이라고 생각하면 될 것이다. 좋은 여건으로 남보다 빨리 출발한 사람이 결승선에 먼저 도착하는 것은 아니라는 세상의 이치가 신비로울 때도 있다. 하긴 국가 차원에서 봐도 그 시절의 필리핀은 '부잣집 아들'과 같은 국가였다고 할 수 있으니, 개인이나 국가나 세상의 이치는 비슷하다는 생각이 든다.

경제는 끊임없이 달려야 하는 마라톤과 같다. 세계화가 성숙하여 하나의 지구촌이 된 지금의 세계 경제는 모두가 서로서로 경쟁의 대상이 된 서바이벌 게임이 되었다.

조금 앞서간다고, 힘들고 피곤하다고, 심지어는 코로나19 팬데믹과 같은 불가항력적 외부 요인이 있다고 잠시라도 멈추게 되면 자신의 자리를 그대로 유지할 수가 없다. 누군가에게 그 자리를 내주고 뒤로 물러나야만 한다. 개인이나 기업이나 국가를 막론하고 누구나 멈추지 않고 달려야만 현재의 자리를 유지할 수 있다.

특히 최소의 비용으로 최대의 성과를 거두어야 하는 기업은 더욱 그러하다. 과거의 명성이나 막연한 기대만으로는 더 이상 성공한 기업이 되기 어렵다. 시장의 미래를 내다보는 능력, 낮은 원가와 높은 품질의 제품을 만들어 내는 생산성, 그리고 뭔가를 이루어 내겠다는 치열한 노력과 자기 헌신이 계속되어야 한다. '국내 소비자들이니까 국산 제품을 사 주겠지', '어려운 상황이 발생해도 누군가가 돕겠지'라는 안일한 생각으로는 살아남기가 어려운 것이 시장의 원칙이다. **'가난'은 부끄러운 일이 아니지만 '게으름'과 '낭비'는 피해야 할 부끄러움이다.**

경제적 성과를 위해서 사람다운 삶을 소홀히 하면 안 되지만, 경제 성장이 없이는 사람다운 삶을 유지하기 힘든 세상이 되었다. 성장을 앞세우는 경제가 인간을 경시하는 느낌이 들어서 인정하고 싶지 않을 수는 있다. 그러나 70억 명이 넘는 인류가 하나의 지구촌에서 모여 사는 현실을 냉정하게 받아들여야 한다. 계속해서 뛰지 않으면 자신의 자리를 유지하지 못하고 뒤처지게 된다. 치열한 경쟁에서 이겨야만 새로운 부가가치도 창출하고, 또 그것을 나눌 수도 있다.

'부잣집 아들'이 자기가 가진 것 모두를 나누어 줄 수는 있다. 그러나 새로운 부가가치를 만드는 일은 완전히 다른 문제일 뿐 아니라 훨씬 더 어려운 일이다. 주위에 인색한 '부잣집 아들'이 미운 마음에 그처럼 살고 싶지 않다고 해서, 자신의 모든 재산을 탕진하고 가난에 머무를 수는 없는 일이다.

이제 내가 살던 '물앙말'은 현대식 아파트 단지로 변모했다. 가끔은 몸과 몸을 부닥치며 어울려 지냈던 그 시절이 그립기도 하다. 혼자 있을 때면 과거에 대한 아련한 그리움으로 가슴이 먹먹해지기도 한다. 그러나 나에게 선택권이 주어진다 해도, 그 가난했던 시절로 되돌아가고 싶지는 않다.

겸손과 관용, 그리고 사랑

길을 떠난다는 것은 현실의 한계를 깨닫고 자신의 낡고 익숙한 껍질을 벗어 던지는 일이다. 공직 생활이 30년에 달했을 무렵부터 신상의 변화가 있을 때마다 길을 나섰다. 그 이유는 아마도 새로운 삶에 대한 의욕과 두려움이 있었기 때문일 것이다.

싯다르타의 '위대한 포기(Great Renunciation)'에는 턱없이 미치지 못할 일이지만, 나름의 작은 포기와 재탄생을 기대하며 길을 걸었다.

살아오면서 켜켜이 쌓아 온 자신의 에고를 내려놓을 수 있을까? 끊임없이 자신에게 질문을 던지며 걸었다.

멀고 힘든 여정일수록 더 많이 내려놓을 수 있을 거라는 생각에 택한 길이 800킬로미터의 '산티아고 순례길'이었다. 굳이 고통을 택한 것은 아니지만, 더 깊게 그리고 더 치열하게 내려놓고 싶었다.

'믿음'과 '성장'은 자신의 에고를 공고하게 하는 과정이 아니다. 자신의 고정 관념을 버리고 자신과 다른 생각을 받아들이는 것이다. 최소한의 관용조차 갖지 못한 근본주의는 자신의 이익을 극대화하는 수단이 될 수는 있겠지만, 인간에 대한 사랑으로 나아갈 수는 없다. 그래서 누군가는 믿음을 "다른 사람의 신발을 신고 걷기"라고 했던가 보다.

코로나19 바이러스가 인류에게 도전을 걸어왔다. 인류가 쌓아 올린 문명의 탑이 한순간에 무너질 수도 있다는 두려움과 불확실성의 시대가 열린 것이다. 인류는 이 거대한 도전을 이겨내야 한다.

인공지능(AI, Artificial Intelligence)을 공부하면서, 새로운 지능으로 무장한 신인류를 인정하고 그들의 삶의 규율에 맞춘 행동 양식을 갖추는 사랑을 '트랜스휴머니즘(Transhumanism)'이라고 명명한다는 글을 읽은 적이 있다. 그 순간 문득 인간의 정체성을 의심한 적이 있다. 미래의 그런 존재가 인간이라면 현재의 인간은 무엇인가? 과거, 현재, 미래의 인간 중에 무엇이 진정한 인간인가? 그러한 생각의 와중에 엉뚱하게도 이러한 미래를 향한 인간의 노력도 어느 한 사건으로 무너질 수 있겠다는 생각이 들었다.

예전에는 세계적인 전쟁이 인류를 원시 상태로 되돌려 보낼 수도 있다고 생각했었는데, 이제 와 보니 전염병이 그 역할을 할 수도 있다는 생각이 든다. 전쟁과 전염병은 모두 인간의 이기심과 자신에 대한 욕망이 근본적인 원인이라는 점에서 유사하다. 전쟁과 전염병은 자기 자신에 대한 교만과 상대방을 받아들이지 못하는 배타성에서 비롯된다.

신영복 선생은 그의 책 《감옥으로부터의 사색》에서 "교도소의 여름은 주위에 있는 사람을 미워할 수밖에 없기에 겨울보다 훨씬 더 가혹하다"고 말하고 있다. 겨울은 아무리 추워도 옆 사람이 37도의 난로가 될 수 있지만, 여름은 누구도 가까이할 수 없는 가혹한 계절이라는 것이다. 전쟁이 겨울 감옥이라면 전염병은 여름 감옥과 같다. 전쟁 중에는 적군은 멀리하지만, 아군은 같이한다.

그러나 전염병의 시대에는 적군도 아군도 없다. 모든 인류가 한편이지만, 서로 몸으로 안아 줄 수는 없다. '사회적 거리 두기'는 인류에게 새로운 길을 향해 떠나기를 요구하고 있다. 힘들고 어려운 세상을 향해 무관심과 분

열을 버리고 단합과 연대를 당부하던 프란치스코 교황님의 부활절 메시지는 그 길의 방향을 제시해 준다. 새로운 길을 떠나는 사람은 자신을 내려놓고 더 큰 세계를 가슴에 품는 넓은 가슴이 필요하다. 겸손과 관용이 그 출발점이며, 사랑이 그 완성이다.

길과 문

이른 새벽, 여명과 함께 길을 나선다. 기적처럼 피곤함이 사라지고 새로움에 대한 기대로 발걸음이 가벼워진다. 어젯밤 너무나 익숙해서 그대로 머물고 싶었던 마음이 언제 그랬냐는 듯 오늘의 태양이 반갑다. 뚜벅뚜벅 내딛는 발걸음에 힘이 실린다. 마치 지금까지 자기를 감싸고 있던 껍질을 벗어 던지고 바다를 향해 달려가는 아기 거북이처럼 무서울 것도, 거칠 것도 없다.

오늘 하루는 과거로부터 미래로 나아가는 단 하나뿐인 징검다리다. 길을 걷다 새로운 마을에 들어서면 문(門)을 만난다. 어떤 마을의 입구는 거대한 성문으로 되어 있고,

어떤 마을은 좁은 골목이 그 문을 대신하기도 한다.

문을 열면 서로 다른 두 세상이 연결되고, 문을 걸어 잠그면 그 문은 벽이 되어 세상을 단절시킨다. 우리가 사는 한반도에는 아직도 열리지 않는 오래된 단단한 문이 있다. 2018년 판문점 도보다리의 새소리를 들으면서 많은 사람이 문이 열리기를 기대했건만, 아직도 굳게 잠겨 민족의 가슴에 빗장을 치고 있다. 한반도에 남아 있는 얼음벽이 녹아 두 세계가 자유롭게 오갈 수 있는 연결의 문이 열리기를 기도해 본다. **문이 열리기 위해서는 마음이 움직여야 한다.** 관계 속에서 오해의 벽을 허물면 신뢰가 쌓이고, 이렇게 쌓인 믿음이 이해의 문이 된다.

코로나라는 감염병은 인류에게 '연결을 끊으라'는 명령을 내렸다. 바이러스는 연결을 통해 확산되고 인류는 아직도 그 두려움에서 벗어나지 못하고 있다. 자가 격리(stay at home), 봉쇄(lock down), 입국 제한 등 예전에는 개인의 기본권을 침해하는 의미의 용어들이 이제는 공동체를 보호하기 위한 불가피한 '착한 선택'으로 쓰였다. 공동체를 보호하기 위해서는 개인의 자유를 제한할 수 있다는 생각이 근대 문명의 철학적 기반을 흔들었다.

하지만 두려움 속에서도 연결을 위한 인간의 본성은 사라지지 않았다. 우리의 연결은 지금까지와는 다른 방식으로 계속될 것이다. 직접 얼굴을 마주하고 만나기 어렵게 되자 첨단 IT 기술 기반의 온라인 연결로 대체했다. 교육도, 비즈니스도, 문화도 새로운 방식으로 진화했다. 나무나 벽돌로 된 문을 대신하여 컴퓨터와 휴대전화의 모니터가 연결의 문이 되었다.

문의 또 다른 의미는 '마디'다. 하나의 세상을 마무리하고 다른 세상으로 넘어가는 '마디'이고 '단락'이다. 2005년 방사성폐기물 처분장 부지 선정이라는 국책 사업을 해결하는 과정에서 작은 역할을 했던 적이 있다. 고준위폐기물이라는 어려운 숙제를 남겨 두고 중저준위 폐기물을 분리하여 처분장을 만들었다. 남겨 둔 숙제가 크다는 이유로 19년 묵은 국책 과제를 해결했음에도 그 의미를 평가 절하하는 사람도 있었다. 100개의 문이 있는 집에 들어가는 첫 번째 문을 열었을 뿐이라고 설명했다. 완전한 해결까지는 아직 많은 문이 남았으나 첫 번째 문을 열지 않으면 남은 아흔아홉 개의 문도 열 수 없음을 강조했다.

인류의 삶은 문 하나하나를 넘으면서 앞으로 나아간다. 역사의 중요한 사건들은 길을 걷다가 만나는 문과 같다. 어떤 문을 어떻게 여는지가 역사를 결정한다. 오늘 내가 걷는 발자국이 뒤에 오는 사람에게 그대로 남겨진다.

앙드레 지드는 그의 소설 《좁은 문》에서 사랑을 위해서 자기의 욕심을 희생하는 것이 좁은 문으로 들어가는 일이라고 말했다. 《광장》과 《회색인》의 작가 최인훈은 딸에게 권한 마지막 추천 도서로 《좁은 문》을 꼽으면서 사람이 어찌 사는 게 옳은 길인지를 두고 깊은 괴로움을 토로했다고 한다. 남북이 이념으로 갈라진 사회에서 중도의 합리적 지식인의 삶을 어렵게 그리고 있는 작가의 마음이 전해진다.

굳이 성경을 인용하지 않더라도 **좁은 문을 선택하는 것**은 누구에게나 어려운 일이다. 그러나 바른길은 좁은 문을 지나야만 나타난다.

거룩한 습관

　　4차 산업혁명과 인공지능이 새로운 미래의 중요한 핵심 용어가 되고 있다. 이 가운데 인공지능은 로봇으로 대표되는 선망의 신기술이라는 정도의 이미지로 각인되어 있다. 언젠가는 우리가 가질 수 있는 새로운 시대의 상징과 같은 것이다.

　인공지능이 우리나라에서 일반인에게 실감 나게 다가오기 시작한 것은 2016년 인공지능 '알파고(AlphaGo)'가 세계 최고의 바둑 고수 이세돌을 꺾었던 순간부터일 것이다. 세기의 대결이라 불린 인간과 기계(?)가 벌이는 승부의 결과에 전 세계는 경악하였고, 우리나라를 비롯한 한국, 중국, 일본 3국의 사람들은 더욱더 놀라는 상황이었다.

　바둑은 이들 3국에서 발생하여 오랜 기간 가장 사랑받는 경기였으며 또한 보이지 않는 자부심이었다. 비록 근대화의 시기에 서양에 뒤졌지만 인류 문명의 뿌리는 동양에 있고 그러한 뿌리 깊은 동양 문화의 지적 능력을 보여 주는 것 중의 하나가 바둑이라는 생각이다. 그래서 바둑에서마저 인공지능이 인간을 이기는 현장을 보는 마음은 동양인에게는 이중의 어려움이었다. 컴퓨터에 인간의 자리를 내줘야 하는 인류의 일원으로서의 착잡함과 더불어 서양의 합리적 과학 문명이 신비로운 동양의 마지막 보루마저도 넘어서는 것을 보고 있어야만 하는 심경이라고 할 수 있다.

미국 바둑 협회는 규칙에 맞게 전개되는 바둑 경기에서 경우의 수를 계산하려면 300 자릿수가 필요하다고 추산한다. 그래서 지금까지 사람들은 컴퓨터가 바둑으로 사람을 이기기란 절대로 불가능하다고 주장해 왔다. 그러나 현대 과학 덕분에 이러한 불가능은 눈앞에 펼쳐지는 현실이 되었다.

인간이 기계와 다른 것은 인간에게 창조력이 있기 때문이라고 한다. 그러면 인간을 이긴 인공지능 알파고는 창조력의 산물인가? 아니면 단순한 기계적 훈련의 결과인가? 먼저 인공지능은 '창조력의 산물'임을 인정해야 한다. 인지과학자 마거릿 보든(Margaret Boden)에 따르면 인간이 이루어 내는 창조력은 기존 규칙을 따르되 실현할 수 있는 일의 범위를 확장하는 '탐구적 창조력', 기존 규칙과 다른 흥미로운 새 틀을 제시하는 '접목적 창조력', 그리고 일의 흐름을 완전히 바꿔 놓는 보기 드문 '변혁적 창조력'으로 구분될 수 있다.

  알파고라는 인공지능은 이 중에서 첫 번째인 탐구적 창조력이라고 할 수 있다. 알파고는 바둑 규칙을 바꾸지 않았다. 주어진 규칙을 따르면서 최적의 해법을 찾아낸 것이다. 이 과정에서 알파고는 "그렇다면 다음은(if, then)"이라는 프로그래밍 방식을 활용하여 새로운 창조를 해낸 것이다.

그러면 무엇이 이러한 창조력을 가능하게 했을까? 이에 대한 답변은 지속적이고 반복적인 학습의 결과라는 것이다. 컴퓨터는 끊임없이 반복 학습을 통해 실패에 대한 경험을 축적하면서 최선의 대안을 찾아가도록 설계되었다. 보통의 인간이 할 수 없을 정도로 방대한 양의 학습이 짧은 시간 안에 이루어지면서, 오랜 기간 이어져 오던 인류의 지적 성과물을 깨부수고 새로운 세계로 인간을 이끌어 가고 있다. 호모 사피엔스는 개개인의 부족한 역량을 부족의 집단적 역량으로 보충하면서 오늘날의 인류 문명을 구축해 왔다. 현대 사회는 많은 사람과 많은 시간이 필요했던 일들이 짧은 시간에 한꺼번에 이루어지는 축적의 시대라 할 수 있다.

오래전부터 "공부는 머리로 하는 것이 아니고, 몸으로 하는 것이다"라는 생각을 해 왔다. 아이큐가 좋은 사람보다 책상에 오래 앉아 있는 사람이 더 높은 성적을 낼 수 있다. 매일같이 책을 보는 습관이 학문적 성취를 이루게 하고, 하루도 빠트리지 않고 체력 훈련을 하는 운동선수가 최고의 기량을 갖출 수가 있다. 심지어는 정신적 깨달음마저도 훌륭한 습관의 산물이다. 그래서 성경에서도 '거룩한 습관'이 거룩한 성품을 만들어 낸다고 강조한다.

'거룩한 습관'은 한 땀 한 땀, 한 걸음 한 걸음 정진하는 실천일 것이다. 노년의 건강을 위해서는 간헐적인 과격한 운동보다는 하루 만 보를 걷는 습관이 더 좋다고 한다. 단순한 운동은 흥미진진하지는 않지만, 지속적이고 반복적으로 이루어져 오랜 시간이 지나면 그것이 쌓여 무엇인가를 이루어 낸다.

지금까지 인류가 이루어 낸 걸출한 성취는 이러한 '거룩한 습관'이 창조력이라는 이름으로 변환되어서 만들어졌음을 생각하면서 오늘도 만 보를 걷기 위한 산책을 나선다.

세대 동행을 꿈꾸며

한때 유행했던 중국의 무협 소설에 단골로 인용되는 두 개의 문구가 있다. 그리고 이 두 문구는 상반되는 메시지를 담고 있다.

"장강의 뒷물결이 앞물결을 치는 법"이라고 말하는 것은 젊은 신인이 무림의 명성 높은 고수를 상대하면서 하는 말이다. 이제 새로운 세대에게 자리를 물려줄 때가 됐다는 뜻을 은유적으로 표현한 것이다. 이와 반대되는 "생강은 늙을수록 맵다"라는 표현은 나이 든 어른의 경륜을 무시하지 말라는 의미로 사용한다. 많은 경우 젊은 주인공이 승부에서 이기기는 하지만 이런 표현을 쓰는 경력자에게서 특별한 초식을 배우게 되는 내용으로 전개된다.

동서양을 막론하고 새로운 세대와 기성세대가 어떻게 관계를 형성하는지가 그 사회의 미래를 결정한다. 대한민국은 지난 50년간의 압축 성장으로 전 세대와의 삶의 질 격차가 어느 나라보다 크게 벌어진 사회다. 세대 차이를 넘어서 더불어 같이 가는 동행이 절실한 이유다.

가난의 질곡을 벗어나 초고속 성장의 흐름을 타고 전 국민이 하나가 되어 노력하던 시절에는 먹고사는 문제가 가장 중요했다. 문화생활이 사치라고 생각할 수도 있는 시대를 살아온 사람들에게 미국이나 일본은 경제적으로뿐만 아니라 모든 면에서 우리보다 앞선 나라였다. 그러기에 그들의 대중문화마저 따라 하고 싶었던 마음도 있었을 것이다. 1950년대 대작 영화인 〈벤허〉나 〈바람과 함께 사라지다〉를 보면서 부러워했고, 비틀즈의 팝송을 들으면서 영어 단어를 암기하기도 했던 시절이었다.

21세기 대한민국은 완전히 다른 모습이다. 세계 10위의 경제 대국이라는 자부심을 바탕으로 한 젊은 세대의 자신감은 기성세대의 상상을 뛰어넘는 수준이다. 사회비평 도서인 《추월의 시대》에는 이러한 젊은이의 생각이 잘 갈무리되어 있다. 1980년대 출생인 이 책의 저자들은 한국 사회를 '현명한 낙관론'의 시각으로 바라보면서 미래에 대한 자신감 있는 제언을 하고 있다. 산업화 세력과 민주화 세력의 대립 구도로만 바라보던 역사관을 통합하여 그들의 공로를 모두 인정하고 자연스럽게 새로운 세대로의 진화를 그려내고 있다.

책을 읽으면서 맨 먼저는 기성세대의 일원인 나 스스로에 대한 성찰이 뒤통수를 때렸다. 나는 젊은이에게 무언가를 배우려는 생각보다는 무언가를 가르치겠다는 생각이 더 크지 않았는가 하는 반성도 하게 되었다. 소통한다고 하면서 이들의 생각을 알기 위한 노력을 얼마나 했는가를 자문하며, 자연스럽게 저자들이 정리한 새로운 세대의 생각들과 있는 그대로 마주하게 됐다.

새로운 세대는 산업화와 민주화의 성취를 동시에 체득한 세대다. 키와 덩치 등 외형만 커진 것이 아니고 속까지 꽉 찬 성숙한 모습이다. 이들은 이제 아무런 거리낌도 열등감도 없이 당당하게 자신을 표현한다. 쟁쟁한 영어권 영화를 제치고 아카데미상을 거머쥔 〈기생충〉이나, 전 세계 젊은이들의 호응과 탄성을 받는 BTS가 너무도 자연스러운 그들의 일상이다. 간혹 나오는 특출한 천재의 예외적인 상황으로 생각하지 않는다. 대한민국의 젊은이라면 누구라도 도전할 만한 일이라고 생각한다. 몇 년 전 인기를 끌었던 드라마 〈미스터 선샤인〉에서는 기성세대가 실패한 역사로 평가하는 19세기 말 상황에서마저도 우리 민족의 고유한 힘을 찾아내고 있다.

역사의 수레바퀴는 앞뒤 바퀴가 함께 굴러야만 앞으로 나아간다. 젊은 세대의 자부심과 당당함을 인정하는 만큼 축적의 시간을 쌓아 온 기성세대의 경륜이 필요하다. 우리가 이루어 낸 경제 발전과 민주화라는 성취는 결코 누구나 할 수 있는 일이 아니었음을 우리 모두가 알고 있다. 이제는 우리의 소중한 역사를 차분하게 돌아보고 새로운 시대로 나아가야 할 때이다.

　갈등을 넘어 통합의 시대로 가는 길만이 세대를 아우르는 시대정신이다. 기성세대는 잘 익은 노련함으로 경험과 자산을 다음 세대에게 이어줘야 한다. 젊은 세대는 겸손한 마음으로 과거에서 지혜를 찾는 진정한 자신감을 가져야 한다. 젊은 자신감과 익은 노련함의 행복한 동행을 준비해야겠다.

모자라지 않기와
아껴 쓰기

대한민국은 '기름 한 방울 나지 않는 나라'다. 기록에 따르면, 해방 직후의 전기 사정은 우리보다 북한이 훨씬 좋았다고 한다. 일제 강점기까지 우리나라의 주력 발전원은 수력 발전이었고, 산세가 험한 북한이 그런 발전에 유리한 지형이다. 제국주의 일본의 대륙 진출에 유리한 점도 작용했을 것이다.

당시 한반도의 발전소 중 가장 큰 발전소인 수풍 발전소는 전체 전기 생산 능력의 3분의 1 이상을 차지했다. 1948년 북한이 남한으로의 송전을 중단했을 때 남한의 충격이 어느 정도였을지는 짐작이 가는 대목이다.

전기뿐만 아니라 인류에게 편익을 제공하는 에너지에 관

한 한, 우리는 항상 부족한 국가다. 근대화 이전은 차치하고라도 1970년대 후반의 중동발 오일쇼크는 한국 경제를 크게 흔들어 놓았다. 생산 활동을 원활하게 하기 위해서는 안정적인 에너지 공급이 확보되어야 한다. 이것이 '모자라지 않기'다. 쇠를 녹이는 용광로도, 자동차나 비행기, 선박 등도 에너지 없이는 움직이지 못한다.

우리나라에 없는 석유나 천연가스는 산유국으로부터 수입해야 하고, 전기를 만들기 위해서도 그 연료를 공급받아야 한다. 우리는 오일쇼크를 극복하기 위해서 정부 내 전담부처를 신설해 에너지의 안정적 공급을 책임지게 했던 경험이 있다. '에너지 안보'는 국정의 최우선 과제다.

그러나 무한대의 욕구를 충족시킬 만큼 에너지를 공급하는 것은 불가능하다. 따라서 욕구의 절제와 '아껴 쓰기'가 필요하다.

그렇다면 무엇이 우리의 욕구를 절제하게 만드는가?

그 첫 번째는 가격이다. 싸고 유용한 물건을 '아껴 쓰기'는 대단히 어려운 일이다. 반면에 가격이 비싸면 아무래도 소비를 줄일 수밖에 없다. 우리가 마실 수 있는 생수는 그렇지 못한 수돗물보다 비싸야 한다. 원가를 고려해도 그렇고 '아껴 쓰기' 위해서도 그렇다. 생수 가격이 수돗물보다 싸다면 생수로 빨래하는 이도 생길 것이다.

사람들은 전기요금을 통상 전기세라고 부른다. 효용 있는 재화를 사용한 대가인 가격이 아니라 국가에 의무적으로 내야 하는 세금의 일종으로 보는 것이다. 가격은 수요 공급 원칙에 따라 시장에서 결정되지만, 세금은 국가와 국민 간의 약속으로 결정한다. 분명한 점은 전기요금은 세금이 아니라 가격이라는 것이다. 낮은 전기요금은 국민의 전기 사용을 쉽게 하여 보편적 편익을 제공하지만, 전기를 실제 필요보다 많이 사용하게 한다. '아껴 쓰기'가 어려워진다.

'아껴 쓰기'의 또 다른 방법은 기술이다. 백열등보다는 형광등이, 형광등보다는 LED가 더 높은 효율을 가지고 있다. 이렇게 기기의 효율을 높이는 것이 기술이다. 기술은 기기의 소재를 무엇으로 사용할 것인지, 기기를 어떤 설계로 만들 것인지 등 다양한 형태로 나타난다.

공학을 전공한 엔지니어들의 실력이 기술로 구현된다. 기술 인력 양성을 위한 교육과 투자가 필요한 이유다. 기술을 개발할 수 있는 여건을 만드는 일이 중요하다. 개발에 필요한 비용의 재정적 지원, 개발된 기술에 대한 지적 재산권 보호, 고효율 제품이 시장에서 인정받을 수 있는 제도의 정비 등이 조화롭게 갖추어져야 한다.

마지막으로 남은 것이 정부의 적절한 규제와 국민의 참여다. 냉난방 온도를 규제하거나 스스로 '아껴 쓰기'를 하자는 에너지 절약 캠페인이 그것이다. 하지만 이것만을 강조해서는 문제가 해결되지 않는다. 합리적 가격 정책과 끊임없는 기술 개발이 뒷받침되어야 한다. 슈마허의 저서 《작은 것이 아름답다》에 나오는 대로 적절한 수준의 중간 기술과 '아껴 쓰기'로 사는 삶이야말로 진정한 행복이 아닐까 생각해 본다.

차관과 CEO의 역할

국가와 정부의 역할에 대한 본질적인 질문 중 하나는 국가가 어느 정도 수준에서 국민의 삶을 책임져야 하는가의 문제다. 인류는 '개인의 자유와 국가의 역할' 간의 균형을 어떻게 잡을 것인지를 끊임없이 중요한 논쟁거리로 삼아 왔다.

초기의 논의는 '인간의 자유 의지를 최대한 존중하고 국가는 최소한의 개입만을 해야 한다는 주장'과 '국가가 질서 유지자로서 기능함으로써 만인의 만인에 대한 투쟁이 지배하는 약육강식의 사회를 방지해야 한다는 주장'이 맞서 왔다. 전자가 '야경국가'라면 후자는 '경찰국가'이다. 논의는 역사의 경험을 축적하면서 두 입장이 서로 타협하고 변화해 왔다.

시장과 개인의 자유를 존중하는 쪽을 '보수'라 하고, 더 큰 정부와 그것을 통한 공정을 앞세우는 쪽을 '진보'라고 구분한다. 하지만 21세기의 현실 정치에서는 이 방식으로 해석하기 어려운 상황이 너무 많이 전개된다. 대부분의 사안이 두 가지가 혼재되어 나타나고 있어서 기존의 틀만으로 세상을 읽기가 쉽지 않게 되었다. **주장하는 사람이 어느 편인지를 따져 묻기보다는 정책의 내용을 보면서 나에게 도움이 되는지 아닌지를 가려내야 하는 때가 된 것이다.**

정부에서 오랜 시간 일하면서 국가의 주요 정책을 결정하는 과정에 참여한 경험을 했었다. 하나의 정부 부서 내에서도 시장경제가 활발하게 돌아가도록 조장하는 업무와 시장에서 상대적인 약자인 중소기업을 보호하는 규제 업무가 공존한다.

국민의 에너지 사용에 불편함이 없도록 하기 위해서는 자유로운 에너지 시장도 만들어야 하고, 아울러 시장의 규칙을 정하고 규칙을 지키는지를 심판하는 일도 해야 한다. 전력 공급 상황이 어려울 때는 에너지 절감을 위한 여러 가지 규제를 결정하기도 한다. 여름철 냉방기 사용을 제한하거나 자동차 5부제를 결정하는 일은 시민의 삶에는 많은 불편을 주고 특히 소상공인의 생업에는 상당한 어려움을 주는 일이다. 하지만 에너지 수급 안정을 위해서는 불가피하게 선택해야 할 때가 있다.

기후변화에 대응하기 위해서는 에너지를 적게 써야 하지만, 경제 성장을 위해서는 적절한 에너지 소비가 불가피하다. 성장을 위해 필요한 에너지를 쓰면서도 온실가스 감축을 실현하기 위해서는 새로운 기술 개발을 통하여 에너지 원단위(energy consumption rate, 경제 활동에 투입된 에너지 소비의 효율성을 평가하는 지표)를 낮추는 노력이 필요하다. 또한 효율적인 에너지를 선택할 수 있는 시장을 조성해야 한다. 정부의 힘과 시장의 시스템이 조화롭게 작동하도록 하는 일이 관료의 역할이며 책무다. 이를 위해서는 균형 감각을 지니되, 시장의 원칙을 훼손하지 않아야 한다.

위기 상황에서 도입한 반시장적인 정부 개입은 시간이 갈수록 시장을 왜곡한다. 에너지 절약을 위한 규제는 한시적이어야 한다. 에너지 절약은 시장과 가격 원리에 따라 자연스럽게 이루어지는 것이 바람직하며, 장기적으로 지속되어야 할 기본 방향이다. 따라서 정부 규제는 일시적이면서 한정적으로 운영해야 한다.

정부가 부동산 가격을 안정시키겠다는 의지가 너무 강력해서 그 가격을 자의적으로 조정하면 부동산 가격이 더욱더 안정되지 않는다는 것을 우리는 경험으로 알고 있다. 어려울수록 시장의 원리를 더욱더 존중하면서 국민과 소통하는 노력을 기울여야 한다. 상대방을 존중하고 규칙을 지키면서 자신의 이익을 극대화하는 균형점을 찾아가는 것이 시장의 원칙이다.

공직이 균형을 잡는 일이라면 민간 기업의 목표는 무엇일까? 민간 기업을 직접 경험하기 전에는 나 또한 이윤 추구가 기업의 거의 유일한 목표라고 생각했다. 하지만 현장에서 같이 호흡하면서 이러한 생각은 크게 달라졌다.

글로벌 경쟁 시대의 기업은 이윤의 극대화를 넘어 사회적 책임, 환경 경영, 그리고 공정한 기업 활동 등을 모두 잘해야 한다. 단기적인 이익만을 좇다가 사회적 평판이 나빠져서 쇠락하는 기업의 사례를 쉽게 찾아볼 수 있다.

이러한 환경에서 민간 기업의 CEO는 우선 조직원과의 소통을 통한 공감을 바탕으로 시대정신에 맞는 기업의 미래 비전을 제시해야 한다. 그리고 현실적인 경영 활동을 통하여 그 비전을 실현해야 한다. 구체적으로는 기업 구성원에게 도움이 되고 사회에 공헌할 수 있는 실적을 만들어 내야 한다. 공직자와 기업인 역할의 공통분모가 점점 더 커지고 있음을 느끼고 있다.

일모도원,
날은 저물고 갈 길은 멀다

세계 경제는 자유무역이라는 가치로 상징되던 세계화가 퇴조하고 자국 우선주의와 블록화가 새로운 국제 질서(New Normal)로 정착하고 있다. 이에 따라 보호 무역주의와 탈세계화의 확산 흐름은 당분간 지속될 전망이다.

미국 트럼프 대통령이 주도하는 관세 전쟁은 전 세계를 당혹하게 만들었고, 이제는 단순한 보호 무역을 넘어선 각자도생의 무역 전쟁의 시대로 접어들고 있다. 미국이라는 거대 시장이 고관세 정책으로 자국 산업을 보호하고 외국 기업의 직접 투자를 강제하면서 다국적 기업은 지금까지와는 다른 방식의 경영을 강요받고 있다. 자유무역이 쇠퇴하면 공급망의 붕괴라는 지금까지 경험하지 못한 어려움에 봉착하게 된다.

전기화 시대에 필수적인 소재인 리튬, 니켈, 구리. 희토류 등의 광물은 약 70~80%가 중국에서 제조되고 있다. 이러한 필수 광물의 공급망을 확보하지 못하면 제조업을 영위하기 어려운 상황에 처할 수 있는데, 이것이 바로 공급망의 위기다.

테슬라는 이러한 공급망 위기를 원천 차단하기 위해 전기 자동차를 만들기 위한 공급망, 즉 광물 생산 광구에서부터 제조후 판매망까지 전 과정을 스스로 소유하는 방식(Teslafication)을 채택하고 있다.

세계화 시대의 가장 큰 수혜 국가였던 한국은 지금 완전히 새로운 차원의 도전을 받고 있다. 한국이 가진 경쟁력은 자유롭게 교역하는 시장 환경에 최적화되어 있었다. 우리는 뛰어난 생산 기술과 근면한 국민의 성실한 노동력, 그리고 세계를 향해 나아가는 기업가 정신으로 세계화 시대에 비약적인 경제 성장을 이룰 수 있었다.

이제 안미경중(安美經中, 안보는 미국과, 경제는 중국과 협력한다)의 시대는 끝났다. 가장 가까운 동맹 미국마저도 우리에게 대가를 요구하고 있고, 중국은 이미 우리의 중요한 경쟁국으로 부상했다. 세계 시장은 기업의 경쟁력만으로는 어렵고 경제와 외교가 함께 뚫어야 하는 벽 높은 복합 경쟁의 무대로 빠르게 변하고 있다.

2024년 겨울부터 이어진 불안정한 국내 정치 상황은 우리 경제의 중요한 골든타임을 허비하는 안타까운 시간이었다. 지금부터라도 하루속히 체제를 정비하고, 모든 분야에서의 비상 대책을 마련해 시행해야 할 때다.

'날은 저물고 갈 길은 멀다'라는 의미의 일모도원(日暮途遠)은 춘추시대 초나라 사람인 오자서가 자신의 무리한 행동을 변명하면서 한 말이지만, 요즘은 의미 그대로 할 일은 많이 남아 있는데 시간이 없음을 표현하는 사자성어로 쓰이고 있다. 지금 대한민국의 경제 상황에 딱 들어맞는 표현이다. 날은 저물고 갈 길은 멀다. 서둘러 채비하고 길을 나서야 할 때이다.

산업정책 2.0

피터 자이한(Peter Zeihan)은 지정학 전략가이자 에너지, 인구 통계, 안보 전문가다. 일찍이 그는《셰일 혁명과 미국 없는 세계(The absent superpower)》에서 셰일 가스를 통해 에너지 독립을 이룬 미국이 세계 질서 유지에서 손을 떼게 될 것이라고 전망했던 바 있다. 그리고 《붕괴하는 세계와 지정학(The end of the world is just the beginning)》에서 그의 생각을 한 단계 더 발전시켜 미국이라는 질서 유지자가 사라진 후 붕괴하는 세계의 모습을 그려낸다.

그는 지금까지 미국이 지켜주는 질서 안에서 가능했던 '세계화(Globalization)' 시대가 저물고, 그 이후 나타날 새로운 세계는 운송, 금융, 에너지, 산업 자재, 제조업, 그리고 농업까지 완전히 달라질 것이라고 예측한다. 특히 석유 공급의 차질과 국제 금융과 제조업의 공급망이 붕괴하고 난 이후 등장할 새로운 세계는 지금까지와는 완전히 달라질 것임을 실감 나게 보여 주고 있다.

대한민국은 무역 의존도와 제조업의 비중이 세계에서 가장 높고, 인구 고령화 속도가 가장 빠르며, 출산율이 가장 낮은 나라다. 이런 점에서 한국은 탈세계화 시대에 가장 큰 도전을 받는 나라가 될 것이다. 우리는 우리가 가지고 있는 창의력, 집요함, 그리고 불굴의 의지로 이 도전을 이겨낼 해답을 찾아야 한다. 그리고 그 해답은 실행력이 담보된 구체적인 정책으로 뒷받침되어야 한다.

지난 70여 년 세계화의 시대에 우리는 우리의 여건을 최대한 고려한 산업정책을 통하여 인류사에 유례없는 압축성장을 이루어 냈다. 자원이 없는 나라이기에 인적 자원을 육성했고, 미국, 중국, 일본, 러시아 등 주변 강국과의 실리를 기반으로 하는 균형 외교를 통해 전 세계와 함께하는 무역 국가로 도약할 수 있었다.

기업인의 도전적 기업가 정신과 근로자의 뛰어난 생산성으로 중화학 공업을 중심으로 하는 제조업 강국을 만들어 냈다. 이러한 경제적 성취가 가능했던 세계화 시대에는 정부 개입보다는 시장경제가 우선이 되었고 개방과 경쟁이 가장 중요한 가치였다.

이제 세계화의 시대가 저물고 각자도생의 시대가 오고 있다. 자유무역보다는 자국 산업 보호가 우선이 되고, 경쟁보다는 안정적 시장 관리가 필요한 시대다. 역설적으로 '다시! 산업정책'이 무엇보다도 중요한 시대가 오고 있다.

새로운 시대에는 '국가의 귀환'이 중요한 화두가 되고 있다. 시장이 최고의 가치였던 시대가 가고 정부의 적절한 역할이 새 시대의 메가트렌드가 되고 있다. 미국과 유럽 연합을 필두로 세계의 강대국들도 자국 산업 보호를 위해서 할 수 있는 모든 수단을 동원하고 있다.

세계화 시대 산업정책의 최대 강국이었던 대한민국도 이제 정부의 적극적인 역할을 통해 '다시! 산업정책'을 만들어 가야 한다. 산업정책의 요체는 국가가 기업이 필요로 하는 자원, 인력, 금융 등 인프라를 최적의 상태로 제공하는 데에서 출발한다. 규제 혁신, 인재 양성, 에너지 자원의 원활한 공급 등으로 기업이 일하기 좋은 환경을 만들어 주는 것이다.

또한 국가는 기업과 기업의 역할을 적절히 분배하여 산업 생태계가 과잉도 부족함도 없이 유지되도록 해야 한다. 제조업의 경우 경쟁력의 약화가 불가피한 분야는 구조조정이나 비즈니스 모델 개선으로 대응하고, 미래 성장동력이 될 수 있는 분야는 AI 기반으로의 전환을 유도해 나갈 필요가 있다. 원칙은 같지만, 방법론은 지금까지와는 완전히 다른 창의적인 '산업정책 2.0'이 절실하다.

'에너지 전환'과
'에너지 안보'의 병행

산업혁명을 뒷받침하던 석탄, 석유, 천연가스 3형제 화석 연료의 시대가 저물어 가는 '에너지 대전환'의 시대다. 이러한 전환은 전 세계적이고 범인류적이다. 인류가 다 함께 해결해야 하고 개별 국가의 생존과도 밀접히 연결되어 있다. 세계 각국은 때로는 협력하고 때로는 경쟁하며 에너지 전환의 시대를 넘어가야 한다.

새로운 에너지 전환의 시대에도 "국민에게 경제성 있는 에너지를 안정적으로 공급해야 한다"는 기본 명제는 변함없이 유효하다. 여기에 더하여 세계 각국은 기후변화 대응과 온실가스 감축을 위해서 "공통의 그러나 차별적인 노력"을 기울여야 한다.

에너지 전환은 분명하고 확실하지만, 에너지의 미래가 어떻게 전개될지는 아직 아무도 모르는 불확실성의 시대다. 수소경제(Hydrogen Economy), 탄소 포집과 활용(CCUS), 에너지 효율, 태양광과 풍력으로 대표되는 재생에너지(Renewable Energy), 소형 원자로(SMR), 그리고 핵융합 등 많은 기술과 대안이 논의되고 있지만 우리는 아직도 어두움 속에 있다.

다만, 한두 가지 특정한 기술이나 대안이 우리에게 확실하고 밝은 미래를 담보할 수 없음은 분명하다. 어느 하나에 집중하고 다른 대안을 배제하는 정책은 망가진 지구를 후손에게 남겨 줄 수도 있다. 새로운 에너지 세상을 만들 수 있는 여러 가지 대안들을 활용하면서 이 모두를 아우르는 균형과 조화만이 우리를 미래의 빛으로 안내할 것이다.

전 세계가 에너지 대전환의 와중에 있지만 대한민국이야말로 더 격렬한 급류의 한가운데에 있다는 절박감이 있다. 우리는 에너지 자원이 없음에도 불구하고 빠르게 괄목할 만한 경제 성장을 이룩한 나라다. 오늘날 한국 경제는 지난 40여 년의 중화학 공업 주도 발전에서 벗어나 새로운 성장의 동력을 찾아야 하는 절체절명의 시간 앞에 서 있다. 다른 의미로는 에너지 다소비형에서 에너지 고부가가치형 경제로 전환할 수 있는 마지막 기회라고 말할 수 있다.

기후변화 대응을 위하여 국제 사회에서 약속한 수준의 온실가스를 감축해야 한다. 경제를 발전시키면서도 온실가스도 최대한 줄여야 한다. 원자력과 재생에너지가 갈등하고, 에너지 공급과 국내 산업 육성이 논리적으로 부딪힐 수 있다.

태양광과 풍력으로 대표되는 재생에너지는 아직은 원가가 비싸고 대량으로 생산하기가 쉽지 않다. 그리고 전기를 간헐적으로 생산한다는 한계도 있다. 원자력은 경제적이고 안정적이지만 국민의 불안감을 완전히 해소하기 어렵고, 방사성폐기물 관리도 어떻게 할지 불확실하다. 석탄은 온실가스 배출량이 많으며, 천연가스는 비쌀 뿐 아니라 전적으로 수입에 의존해야 한다.

하지만 우리는 이 중 어느 하나도 배제할 여유가 없다. 정책의 성패는 결국 특정 에너지원을 배제하는 것이 아니라 그것들을 조화롭게 섞어 쓰는 데(energy mix)에 달려 있다.

  정책은 멀리 있는 것 같이 보이지만 빠르고 강하게 우리의 삶에 영향을 미친다. 그 영향은 가끔은 우회로를 돌아서 오기도 하지만 꼭 오고야 만다. 전기요금은 소비자물가와 심리적으로는 밀접히 연관되어 있다. 요금 인상이 현실적으로 쉽지 않은 이유이다.

  하지만 전기를 생산하는 주요 원료인 석탄, 가스 가격이 오르는데도 전기요금을 억제하면 언젠가는 어떠한 형태로든 그 대가를 치르게 된다. 국민은 전기요금과 연료비가 밀접하게 연동되어 있음을 이미 잘 알고 있다. 따라서 정부는 국민과 시장을 믿으면서 어려운 정책도 담대하고 합리적으로 결정하는 것이 중요하다.

국제에너지기구(IEA, International Energy Agency)는 '2024 Energy Outlook'에서 새로운 에너지 안보의 개념을 제시한다. 화석 연료 시대의 에너지 안보가 석유와 가스의 안정적 확보에 있었다면, 다가오는 전기화 시대에는 전통적 에너지 안보에 더하여 전력망, 핵심 광물, 그리고 디지털 기술이 더해진다고 재정의하고 있다.

AI, 전기 자동차, 재생에너지, 전동화 등의 새로운 산업 환경에서는, 전기를 무엇으로 생산할 것인가를 따지는 에너지 믹스를 넘어 전기를 어떻게 전달할 것인지의 문제인 전력망이 화두가 되고 있다. 전력망이 확보되지 않으면 에너지 안보가 취약하다는 의미다. 아울러 전력망이나 전동화의 소재인 리튬, 희토류 등의 핵심 광물의 확보 여부도 에너지 안보를 결정한다. 마지막으로는 전력 수요를 어떻게 분산하고 균등화할 것인지를 디지털로 해결하는 능력도 중요한 에너지 안보의 변수가 되고 있다.

특히, 거대한 양의 전기가 필요한 AI용 데이터센터가 가동하지 않으면 인공지능이 지배하는 새로운 시대에서는 뒤처질 수밖에 없다. 따라서 이제 에너지 대전환과 에너지 안보는 동시에 해결해야 할 국가적 과제가 되었다.

'파레시아(Parrhesia)'는 '모든 것을 말하기'를 의미하는 그리스어다. 프랑스의 철학자 미셸 푸코(Michel Foucault)는 그의 마지막 열정을 다하여 이 개념을 정립하고 문제화했다. 그는 '파레시아'가 '진실을 말할 수 있는 용기'를 넘어 '진실을 말할 의무'라고 설명한다.

지금이 바로 자신이 생각하는 진실이 무엇인지를 말할 수 있는 파레시아가 필요한 시대다. 에너지 대전환과 새로운 에너지 안보라는 대격랑 속에서 우리나라가 희망의 나라로 나아가기 위해서는 집단지성이 최대한 발휘되어야 한다. 서로 다른 생각을 모두 모아 최대한의 힘이 발휘되기를 기대하면서 거기에 나 또한 작은 보탬이라도 되고자 한다.

담대한
에너지 정책

기술이 세상을 선도한다면, 에너지는 세상을 떠받치고 있다. 세계열강이 치열하게 경쟁하고 있는 반도체 산업도, 기후변화에 대응하기 위한 전기 자동차도, 소비자의 일상을 지배하는 유통과 각종 플랫폼 사업도 안정적인 에너지의 공급이 뒷받침되어야만 가능하다. 눈에 보이지도 않고 화려하지도 않지만, 없으면 아무것도 할 수 없는, 그래서 조용한 뒷배경이면서 꼭 있어야만 하는 존재가 에너지다.

따라서 에너지 정책은 '균형과 관용'을 기본으로 하여 세상을 살아 숨 쉬게 해야 한다. 에너지는 공급과 수요의 균형, 다양한 에너지원 간의 적절한 균형이 필요하고, 특정 에너지원을 배제하지 않고 사용하는 관용이 필요하다. 특정 에너지원의 배제를 에너지 정책의 주된 목표로 삼은 탈원전 정책은 '균형과 관용'이 없었기에 역사의 시간을 넘어서기가 어려웠다고 생각한다. '균형과 관용'을 기본으로 하면서 한 걸음 더 나아가 '담대한 에너지 정책'을 펼쳐 나갈 필요가 있다.

'담대한 에너지 정책'은 선택과 집중을 통하여 목표를 설정하고, 목표를 달성할 수 있는 실천적 전략을 세운 다음, 전략에 맞게 자원을 배분하는 것이다.

첫째는 에너지 안보 정책의 과감한 추진이다. 에너지 믹스에 있어서 화석 연료의 점진적 축소가 불가피하다면 원전과 재생에너지 어느 것도 포기하지 않으면서 균형 있게 활용해야 한다. 재생에너지 중에서는 대용량 발전이 가능한 해상 풍력의 확대를 긍정적으로 검토할 필요가 있다.

지금까지는 해상 풍력 발전 사업 허가를 받은 많은 프로젝트마저도 아주 느리게 진행되고 있었지만, 새롭게 제정된 법률에 따라 속도감 있게 추진될 것을 기대한다. 아울러 기자재 개발, 발전기를 완성하는 조립장 조성, 운송선 마련, 해상 구조 사업 등도 동시에 추진하는 것이 필요하다.

현시점에서 더욱더 중요한 것은 전력망의 확충이다. 우리나라 전력산업의 구조적 특징은 생산지와 소비지가 원격으로 떨어져 있다는 점이다. 현재도 동해안의 화력 발전소나 서남 해안과 제주도의 재생에너지 발전소는 적정 수요가 부족하여 강제 발전 중단을 수시로 하고 있다. 전력의 공급과 수요를 맞추기 위해 HVDC(초고압직류송전) 등 전력망을 확보하는 노력이 우선 필요하다.

하지만 이러한 전력망 사업은 전력망이 통과하는 지역 주민의 수용성을 확보하기가 대단히 어려운 실정이다. 따라서 송전망 건설 비용과 주민 수용성 확보 비용을 모두 더하면 막대한 비용이 필요하다. AI 데이터센터나 대형 산업체 등 대규모 수요자가 발전소 인근으로 이전할 수 있는 유인책을 주는 방안을 적극적으로 검토할 때다. 또한 핵심 광물의 국가 전략적인 확보와 비축과 전기 수요를 분산하기 위한 디지털 시스템 개발도 중요한 에너지 안보 정책으로 다루어야 한다.

두 번째로는 다양한 에너지 소비 감축 방안의 모색이다. 자본력이 있는 경제 주체가 에너지 효율 개선사업에 초기 투자를 한 다음, 절약된 에너지 비용을 장기적으로 회수하는 에스코(ESCO) 사업은 시장을 통하여 에너지를 절감하게 하는 방식이다. 소비자는 별도의 비용 없이 효율 개선의 혜택을 누릴 수 있고, 국가 전체적으로는 효과적으로 에너지 소비를 줄일 수 있다.

미국과 독일이 채택하고 있는 다양한 제도를 도입하는 것도 서둘러 검토할 필요가 있다. 전년도 사용량의 80%까지는 인상 전 요금을 부과하고 그 이상 사용량에 대해서는 인상 후 요금을 부과하는 브레이크 방식이나, 에너지 효율 개선 비용을 사용자의 소득 수준에 따라 융자 또는 보조금 형태로 차등 지원하는 방안 등도 검토할 가치가 충분히 있다.

세 번째는 새로운 에너지원인 수소에 대한 국가 역량 결집이다. 화석 연료 시대 이후의 세계는 수소경제 시대로 전환할 것이라고 많은 전문가가 전망하고 있다. 특히 최근 들어서는 물을 재생에너지로 전기 분해하여 그린 수소를 만드는 방식의 수전해 사업이 활발하게 진행되고 있어서 수소 시대가 가까이 왔음을 보여 주고 있다. 수소 밸류체인의 전 주기, 즉 수소 생산, 유통 인프라, 수요 창출, 시장 관리 등 모든 단계에 걸쳐 대규모 투자가 필요하다. 정부의 담대한 정책 의지가 민간의 대규모 투자를 이끌어 낼 것이다.

맥킨지가 발간한 《세계 최고의 CEO는 어떻게 일하는가(CEO Excellence)》에 따르면, 최고 경영자들이 미래로 나아갈 방향을 설정하는 마음가짐의 첫 번째는 '담대함'이다. '담대함'은 두 번의 작은 점프로는 협곡을 건널 수가 없다는 깨달음에서 나온다. 미리, 자주, 과감하게 움직이고, 객관적이며 편견 없이 자원을 배분해야 한다. 지금 세계는 탄소중립, 에너지 전환, 에너지 안보라는 동시에 달성하기 어려운 목표가 혼재하는 난전의 시대다. 평화의 시대가 '균형과 관용'의 시대라면 지금과 같은 시대는 '담대한 결정'의 시대다.

피할 수 없는 대세, ESG 경영

온실가스 감축을 어떻게 할 것인지를 두고 국제 사회는 협력과 다툼을 계속하고 있다. 인류 공통의 책임임을 인정하면서도 개별 국가가 어느 정도의 차별화된 책임을 질 것인지에 대한 실익을 계산하는 것이다. 이러한 국가 단위의 협상이 진행되고 있는 와중에 자본의 논리는 더 빠른 속도로 기업을 압박하고 있다.

세계 최대 규모의 자본 투자사인 블랙록(BlackRock)의 회장 래리 핑크(Larry Fink)는 2020년 '최고 경영자들에게 보내는 서한'을 통해 지속 가능성을 투자 결정의 최우선 요소로 둘 것이라고 밝혔다. 앞으로 블랙록이 투자하는 기업은 기후변화와 관련된 위험 요소를 공개하도록 요구하겠다는 것이다. 자신들이 운영하는 7조 5,000억

달러의 자산을 기업의 기후변화 대응과 연계시키겠다는 의지를 강력하게 표명한 것이다.

이후 기후변화를 둘러싼 상황의 변동으로 파리 협약이라는 국제 사회의 합의 이행이 어려움을 겪으면서 블랙록의 방침에도 변화가 있었지만, 정도의 차이라는 파도를 타면서도 온실가스 감축이라는 방향성은 변함없이 유지될 것으로 예상된다.

한국의 기업 또한 발 빠른 대응이 필요하다. 기업의 평판을 유지하는 차원을 넘어서 경영 원칙을 실질적으로 변화시키지 않고는 생존하기 어려운 상황으로 진행되어 나갈 것이다. 세계 금융과 신용평가 기관은 ESG라는 새로운 평가 방식을 도입했다. ESG는 친환경(Environment), 사회적 책임(Social), 건전한 지배구조(Governance)의 약어로, 이제 세계는 '가치 연계 통상'의 시대로 접어들었다. 즉, 환경에 나쁜 영향을 주는 기업이나 노동 규범을 지키지 않는 기업, 인권 보호에 문제가 있는 기업에 대해서는 교역 상대국의 정부는 물론이고 세계적 투자자들이 제재를 가하는 상황으로 진행되어 나갈 것이다. 이제 세계를 상대로 영업하기 위해서는 가격을 넘어 가치를 존중해야만 하는 시대가 된 것이다.

ESG 가운데 친환경은 기후변화 대응이 가장 중요한 숙제다. 기업으로서는 소비자와 투자자의 선택을 받기 위해 온실가스 배출을 줄이는 일이 가장 중요한 일이 되었다. 애플을 비롯한 세계적 기업들이 2050년까지 재생에너지(Renewable Electricity)로 전력을 100% 사용하겠다는 'RE 100' 선언에 속속 동참하는 이유이기도 하다.

사회적 책임의 문제는 협력 업체들과의 상생을 얼마나 잘하는지를 평가한다. '사회적 기업은 착한 기업'이라는 평판 수준을 넘어서, '반사회적 기업의 제품과 서비스는 소비자의 선택을 받을 수 없는 시스템'이 도입된 것이다.

건전한 지배구조도 기업의 중요한 평가 요소가 되었다. 대기업의 경우, 기업 집단을 유지하더라도 그것을 투명하게 사회적으로 공개하고 공정 거래의 규범을 준수해야 하는 시대가 된 것이다.

기후변화 대응을 위한 기업의 과제는 생산을 줄이지 않으면서 최대한 온실가스를 적게 배출하는 일이다. 이를 위해서는 투입되는 연료의 절대량을 줄이거나, 같은 효율을 내면서도 온실가스를 적게 배출하는 연료로 바꾸거나, 제조 공정의 에너지 효율을 더 높이거나, 원자재를 친환경 제품으로 전환하는 방법 등이 있을 수 있다. 이러한 감축 활동은 개별 제품에 따라 다양할 수 있으나 어느 경우든 추가적인 비용이 필요하다.

앞에서 예로 든 'RE 100' 달성을 위해서도 스스로 신재생에너지 발전소를 건설하여 생산된 전기를 이용하거나, 다른 신재생 발전소의 전기를 구매해야 한다. 어떤 방식을 택하더라도 상당한 추가 비용이 수반되고 그것을 바로 제품의 가격에 반영할 수밖에 없다. 이제 획기적인 기술을 가진 기업만이 시장에서 살아남게 될 것이다. 비록 정부가 규제를 통하여 친환경적인 제품에 유리한 시장 환경을 만들고자 노력하겠지만, 시장이 어떻게 반응할지 예측하기는 쉽지 않다.

대부분의 기업은 추가 비용의 부담에도 불구하고 ESG 경영을 피할 수 없는 대세로 받아들이는 분위기이다. 국가와 정부가 기후변화 대응이라는 대의에 이미 동참했고, 이를 따르지 않는 기업에 대한 다양한 방식의 규제 조치가 눈앞에 와 있다. 온실가스 배출에 부과하는 탄소세, EU와 미국에서 검토 중인 탄소 배출 제품에 대하여 추가적인 부담을 지게 하는 탄소 국경 조정 제도(Carbon Border Adjustment Mechanism), 온실가스 배출 허용량을 권리로 인정하여 그것을 거래하는 배출권 거래제도 등이 이미 많은 나라에서 시행하고 있거나 도입 준비 중이다. 피하려야 피할 수 없는 국면으로 접어든 것이다.

자본의 흐름은 더욱 절실하다. 세계적 기업 모두가 환경 투자를 선택이 아닌 필수로 받아들여야 하는 시기인 것이다. 기후변화에 대응한다는 명분, 국가 규제에 대한 적응, 그리고 자본의 선택 등이 기업의 환경 경영을 강력하게 요구하고 있다. 기업이 앞서 나가면서 기후변화를 준비해야만 하는 국면이 된 것이다.

제2차 전기 전쟁과
새로운 먹거리 창출

〈커런트 워(Current War)〉는 19세기 말 에디슨과 테슬라의 전기 전달 방식에 대한 주도권 다툼을 다룬 영화다. 테슬라는 오늘날 일론 머스크가 만든 전기 자동차 회사 이름으로 더 알려져 있으나, 그 이름의 주인은 에디슨과 같은 시기를 살았던 또 한 명의 천재였다. 영화는 직류와 교류 중 어느 것이 더 효과적인 전기 전달 방법인지를 두고 두 천재가 치열하게 경쟁하는 모습을 통해 인류 문명의 발전사를 잘 보여 주고 있다. 이 치열한 전기 전쟁에서 누가 이겼는지는 그다지 중요하지 않다. 다만 분명한 것은, 이들의 아름다운 경쟁을 통하여 인류는 전기가 밝히는 밝은 세상으로 나아갈 수 있게 되었다는 것이다.

세월이 200년이 지난 오늘날의 상황은 제2의 전기 전쟁이라고 해도 지나친 표현이 아닐 것이다. 오랫동안 주된 발전원이었던 석탄이라는 화석 연료가 기후변화와 온실가스 감축이라는 대의 앞에서 사라져야 한다면 무엇이 이를 대체할 것인지, 그리고 어떠한 기술이 더 많은 사람을 전기의 혜택을 누리게 할 것인지 등이 중요한 화두가 되고 있다.

전기를 만들기 위해서는 석탄, 천연가스 등 화석 연료도 사용하고 원자력도 사용한다. 경제적이고 효율적으로 전기를 만들기 위해 발전소는 대형화돼 왔다. 전압이 높을수록 전기의 전달 비용을 줄일 수 있기에 변압기의 용량도 점점 커졌다. 이렇게 대형 발전소, 초고압 변압기를 통한 전기의 유통을 집중형 전력 공급 체계라 한다. 큰 공장에서 낮은 비용으로 제품을 대량 생산하여 싼 가격으로 전 국민에게 제공하는 것과 비교할 수 있는 방식이다.

어느 나라나 발전 도상에 있을 때는 집중형 전력 공급 체계를 통해 전기를 공급한다. 경제의 고도성장을 뒷받침할 수 있는 에너지를 효율적으로 제공하기 위해서는 불가피한 선택이다. 지금의 선진국들이 그래 왔고 우리나라도 예외는 아니었다.

21세기 들어 바야흐로 분산형 전원의 시대가 열리고

있다. 소비자와 가까운 곳에 있는 작은 발전소를 통해 전기를 공급함으로써 전력 송전 비용을 최소화하는 것은 물론, 환경 문제도 최소화하고 안전에 대한 우려도 줄이겠다는 것이다. 분산형 전원의 시대에 적합한 에너지원은 태양광, 풍력으로 대표되는 재생에너지다.

생활수준이 높아진 선진국들은 여러 가지 이유로 분산형의 장점을 선택하는 추세다. 선진국의 문턱에 와 있는 대한민국도 집중형에서 벗어나 분산형의 방향으로 가고 있는 것이 분명하다. 다만, 속도에 대해서는 서로 다른 의견이 있다. 하루라도 빨리 분산형으로 갈 것인지, 기존 인프라를 활용하면서 점진적으로 옮겨갈 것인지의 문제다. 이는 옳고 그름의 문제가 아닌 실용적 선택의 문제다. 실용의 문제가 이념으로 묻히지 않기를 기대한다.

HD현대일렉트릭은 1978년 변압기 사업을 시작하여 40여 년간 국내 선두 업체의 지위를 유지하며 전 세계 70여 개국에 초고압 변압기와 차단기 등을 비롯해 송전, 변전, 배전 등 전력 인프라 전반에 걸쳐 차별화된 전력기기를 제공 공급해 왔다. 최근에는 미국을 비롯한 주요 시장에서 전력 수요가 급격히 증가하고 전력기기 공급이 부족해지면서 사상 최대의 호황을 누리고 있다. 이러한 호황을 보면서 에너지 전환과 에너지 안보의 현장을 실감하고 있다.

환경과 함께 살아가기

국가는 '탄소중립'을 목표로 삼고, 기업은 ESG 경영을 핵심 화두로 삼고 있다. 오늘날 전 인류는 현재의 경제적 성과를 미래에도 지속 가능하게 유지하면서, 하나뿐인 지구를 어떻게 보존할 것인지를 고민하는 시대에 직면해 있다.

환경을 고려하지 않는 개발은 죄악시되고 있다. 이산화탄소를 많이 배출하는 석탄도 줄여야 하고, 방사성 물질을 배출하는 원자력도 탐탁지 않다. 태양과 바람이라는 재생에너지를 활용한 친환경적 발전을 추구해 보지만 그것도 산림 훼손이나 공간 문제 같은 또 다른 문제를 제기한다.

우리가 문명의 편리함을 누리기만 한다면 결과적으로

는 후손들에게 망가진 지구를 남겨 주게 될 것이라고 경고한다. '지금, 바로' 행동하지 않으면 부도덕하다고 지적한다. 개인 개인은 그저 열심히 살고 있지만, 그것만으로도 부작위의 죄를 짓고 있다는 느낌을 들게 한다.

총 운용 자산이 10조 달러를 넘는 자산 운용사인 블랙록의 창업자이자 최고 경영자인 래리 핑크는 매년 초 블랙록이 주주로 있는 기업의 CEO들에게 공개적으로 연례서한을 보낸다. 2018년 연례 서한에서 처음으로 기업의 ESG 경영을 강조한 래리 핑크는 2022년 연례 서한에서는 뉘앙스가 약간 다른 메시지를 내놓았다.

본인이 생각하는 이해관계자 자본주의는 정치적·사회적·이념적 논의가 아니며, 깨어 있음(woke)에 대한 고집도 아니고, 단어 그대로 자본주의일 뿐이라고 밝혔다. 자신들이 지속 가능성에 초점을 맞추는 것은 환경론자이기 때문이 아니라 자본가로서 고객들에 대한 신의 성실 의무를 지니기 때문이라는 것이다. 아울러 블랙록은 정부와 기업은 모든 사람에게 안정적이고 저렴한 에너지원을 제공해야 한다고 하면서, 석유, 가스 회사로부터의 투자금을 회수하는 방식으로 자산 운용 방침을 제한하지는 않음을 밝히고 있다.

이 서한을 통해 그가 탄소중립에 관해 환경과 경제 어느 한 편에 치우치지 않고 균형을 잡으려고 얼마나 노력하는지를 엿볼 수 있다. 확실한 것은 그가 탄소중립의 문제를 먹고사는 문제라고 밝힌 것이다. 다만 여기서 말하는 먹고사는 주체는 현재를 사는 우리뿐만 아니라 미래의 후손까지도 포함하며, 부자 나라와 가난한 나라가 더불어 사는 문제로 바라보는 점이 다를 뿐이다. 지속 가능하다(sustainable)는 의미를 다시 생각해 볼 때다.

'환경 휴머니즘'은 미국의 환경론자인 마이클 셸렌버그가 그의 저서 《지구를 위한다는 착각(Apocalypse Never)》에서 주장한 개념이다. 책의 주제는 극단적 환경주의가 초래할 수 있는 종말론에 대해 과학에 기초해서 그 위험성을 경계하는 내용이다. 저자는 "오늘날의 환경문제는 인간이 생각 없이 자연을 파괴해서 생기는 문제가 아니라, 우리가 더 나은 삶을 추구하기 위해 경제를 발전시키는 가운데 생긴 부작용일 뿐이다"라는 주장을 여러 가지 사례를 들어 설명한다.

고래의 개체 수를 회복시킨 것은 고래잡이를 반대하는 환경단체의 캠페인 때문이 아니라 고래기름을 대체해 식물성 기름으로 비누를 만든 기술의 발전 덕분이며, 거북이를 포획하지 않게 된 것도 플라스틱 덕분이었다는 점을 상세하게 설명한다. 자신과 자연을 함께 사랑하는 환경주의, 건강하게 잘 먹고 활발하게 경제 활동을 하며 이웃을 사랑하는 환경주의를 진지하게 생각해 볼 필요가 있다.

'환경 휴머니즘'은 국제 사회에서 선진국과 개발도상국과의 관계라는 관점으로 시야를 확대하면 더욱더 선명해진다. 대부분의 개도국은 환경보다는 삶의 안정이 더 시급하다. 인구의 상당수가 전기의 혜택을 받지 못하는 나라에서 석탄이 온실가스 감축의 주범이라는 이유로 석탄 발전소를 폐쇄할 수 있겠는가? 지금의 선진국들 역시 석탄 에너지의 활용을 통하여 오늘날의 부를 축적해 왔던 점도 생각하지 않을 수가 없다.

좋은 의도가 항상 좋은 결과를 가져오지는 않는다. 자원이 절대적으로 부족한 나라, 세계 10위의 경제 대국이지만 아직도 탄소 배출을 많이 하는 제조업이 경제의 주축인 나라, 무역 의존도가 높아서 국제 규범을 지키지 않고는 살아남기 힘든 나라가 대한민국이다. 에너지는 산업의 기반이고 탄소중립은 국가가 지켜야 할 약속이다. 탄소중립을 위해서는 에너지원이 무엇인지에 따라 이념과 가치를 앞세워 차별하지 말고 그것들을 두루 활용하면서 어떻게 탈탄소화할 것인지를 고민하는 것이 필요하다.

에필로그

　　　　　9년 만에 새로운 책을 내면서 다시 한 번 내 삶을 뒤돌아본다. 공직과 민간 기업을 모두 경험한 흔치 않은 시간이었기에 많은 이들과 공유하고자 하는 마음으로 시작했지만, 글을 진행할수록 마음을 제대로 전하는 일이 쉽지 않음을 실감하게 된다.

　지난 70여 년 동안 우리가 만든 대한민국이라는 공동체는 개인 개인이 각자의 자리에서 최선을 다해 맡은 바 일을 다하기만 해도 사회 전체가 더 나은 미래로 나아갈 수 있을 정도가 되었다고 자부한다. 어떻게 하면 자기 자리에서 제대로 일을 할 수 있을까? 40년이 넘는 조직 생활 경험에도 불구하고 여전히 정답을 찾기는 쉽지 않지만, 좀 더 나은 세상을 향한 우리의 여정은 계속된다.

공직이든 민간 조직이든, 모든 조직은 살아 있는 생명체다. 성장하고, 위축되고, 때로 병들고, 재생하기도 한다. 이 책에서 소개한 하모나이저 경영은 그런 조직의 생태를 이해하는 데서 출발한다. 조직은 구조 이전에 '사람들의 관계'이며, 전략 이전에 '문화의 총합'이다. 따라서 조직을 바꾸려면 숫자보다 사람을, 시스템보다 심리를 이해해야 한다. 리더가 조화의 지휘자가 되어야 하는 이유는 바로 여기에 있다.

우리가 사는 시대는 이제 '속도'의 시대를 벗어났다. 과거에는 '더 많이', '더 빠르게', '더 강하게'가 조직의 미덕이었다. 그러나 지금은 다르다. 이제는 무엇을 하지 않을 것인가, 누구와 함께 갈 것인가, 어떻게 오랫동안 지속 가능한 문화를 만들 것인가가 성패를 가른다.

하모나이저 경영과 리더십은 그런 질문들에 답을 주기 위한, 나 자신만의 경험에서 우러나오는 조언이다. 그것은 단지 '마음씨 좋은 리더'의 서사가 아니다. 조직을 살아 움직이게 하고, 조직원 모두가 보다 나은 삶을 향하여 동행하기 위한 치열하고 단단한 마음가짐이다.

이 책의 마지막 꼭지까지 다 읽은 당신은 아마도 이런 생각을 하고 있을지 모른다.

'이 방법을 우리 조직에 적용할 수 있을까?'
'나 같은 사람이 하모나이저가 될 수 있을까?'

나는 말하고 싶다. 그 질문을 품는 순간부터 당신은 이미 하모나이저의 길을 걷고 있는 것이다.
　하모나이저는 완성형이 아니다. 그는 '항상 자기를 해체하고 다시 재생시키는 리더'다. 피드백을 수용할 줄 알고, 실패를 두려워하지 않으며, 충돌 앞에서 물러서지 않는 사람이다. 그는 지배하는 대신 조율하고, 지시하는 대신 감응하며, 명령하는 대신 설계한다. 그렇게 해서 팀은 살아 움직이고, 조직은 지속 가능해진다.

이 책을 쓰면서 수많은 리더의 얼굴을 떠올렸다. 어떤 이는 과감하게 방향을 바꾸었고, 어떤 이는 고통스러운 조직 혁신을 견디며 팀을 살렸다. 어떤 이는 울면서 피드백을 받아들이고, 끝내 조직의 분위기를 바꾸는 데 성공했다. 그들 모두의 공통점은 하나다. 조화를 실행했다는 것이다. 그리고 그 조화는 단순히 착한 마음에서 나오는 것이 아니라 훈련된 감각과 반복된 실패 속에서 축적된 통찰이었다.

미래의 조직은 더욱더 다양한 구성원을 만나야 한다. Z세대, 디지털 네이티브, 글로벌 협업자들, 플랫폼 기반 파트너십 등 새로운 세대와 시대의 등장이다. 더욱이 AI라는 새로운 물결은 지금까지 있었던 모든 변화를 뒤엎고 완전히 새로운 판을 주도하면서 우리 앞에 나타나고 있다. 인간의 인지 능력이 우선시되던 시대는 이제 끝나고 어떻게 AI와 친하게 지내면서 그 역량을 자신의 것으로 체화하는지가 관건인 시대가 오고 있다.

  AI 환경에서는 명령과 통제는 통하지 않는다. AI는 검색의 대상이 아니라 인간과 함께 가는 동반자다. AI와 대화하고 감성적으로 교류할 수 있어야 한다. AI와 함께하는 미래 조직은 더 다층적이고, 더 민감하며, 더 연결 지향적이다. 이런 흐름에서 소통과 화합을 핵심으로 하는 하모나이저 경영의 중요성은 더욱 커질 것이다.

기업 경영에서 한 걸음 더 나아가 하모나이저는 사회 전체에도 필요한 리더십이다. 양극화, 정치적 갈등, 세대 간 단절, 경제적 불안. 이 모든 사회적 위기의 본질은 '조화의 붕괴'다. 이때 하모나이저는 단지 기업이 아닌 공동체 전체를 회복시키는 하나의 키워드가 된다. 기업, 정부, 교육, 시민사회 등 어디서든 조화로운 리더십이 필요하지 않은 곳은 없다.

조화는 가장 실천적인 전략이자, 가장 현실적인 리더십이다. 다름을 연결하는 감각, 실행하는 조화의 기술, 그리고 미래를 열어 가는 리더의 자세를 함께 품게 되길 바란다.

특별 부록

2025년 경주 APEC
CEO 서밋 기조 연설문

지속 가능한 미래를 위한 탄소 중립과 에너지 안보

안녕하십니까? HD현대 커뮤니케이션 위원장을 맡고 있는 조석 부회장입니다. 오늘 귀한 자리에서 전문가분들을 모시고 말씀드릴 기회를 가지게 되어서 영광입니다.

  많은 사람들이 현재를 에너지 대전환의 시대라고 말하고 있습니다. 저는 오늘 이러한 에너지 대전환 시대야말로 에너지 안보가 절실하다는 점을 이야기하고자 합니다. 기후변화와 재생에너지의 중요성 등에 대해서는 많은 분이 강조하고 있습니다만, 그 모든 것이 에너지의 안정적 공급이라고 요약할 수 있는 에너지 안보가 전제되어야 가능하다는 것을 말씀드리면서 제 이야기를 시작할까 합니다.

에너지 정책의 목표는 전통적으로 에너지 안보, 경제성, 환경 등 소위 트리플 E(Triple E)를 균형 있게 달성해야 한다고 합니다. 이론적으로는 3개의 정책목표의 균형 있는 추진을 의미한다고 할 수 있습니다만, 현실적으로는 이 중에서도 에너지 안보가 가장 절실한 목표라고 생각합니다. 특히 에너지 정책을 담당하는 당국자 입장에서는 에너지의 안정적인 공급이 무엇보다 중요하다고 생각할 수밖에 없습니다.

1970년대 오일쇼크를 겪으면서 에너지 안보 없이는 국가 운영이 불가능하다고 생각할 정도가 되었던 것이 좋은 사례입니다.

1. 새로운 에너지 안보

화석 연료에서 재생에너지로의 에너지 전환 시대가 도래하면서 에너지 안보에 관한 생각도 변화되고 있습니다. 화석 연료 시대의 에너지 안보가 석유, 가스, 석탄 등을 안정적으로 확보하는 것이었다면, 이제는 전기화 시대에 걸맞은 새로운 에너지 안보가 필요하게 되었습니다. 구체적으로는 전력 그리드 구축 및 안정성 확보, 핵심 광물의 안정적 공급망 구축, 그리고 디지털화에 따른 수요 관리 이렇게 세 가지가 추가된다고 말씀드릴 수 있습니다. 국제에너지기구 IEA는 이 모든 것을 통합적으로 접근해야 한다고 밝히고 있습니다. 다음 장에서 각각에 대한 자세한 말씀을 드리겠습니다.

2. 전통적 시각의 에너지 안보

본격적으로 이야기를 시작하기 전에 전통적 시각의 에너지 안보를 잠깐 살펴보면 이 분야에도 아직 해결할 문제가 많이 남아 있습니다.

먼저 석유는 글로벌 최대 생산지가 아직도 중동입니다. 23년도 중동산 원유 생산 비중은 전 세계 생산량의 31%를 차지하고 있습니다. 아시다시피 이 지역은 지정학적 리스크가 아직도 계속되고 있기 때문에 비산유국은 석유 비축 등 대비해야 할 일이 많습니다.

특히 한국의 경우에는 중동산 원유 비중이 84%에 다다르기 때문에 공급망 다변화가 시급한 실정입니다.

천연가스의 경우 최근 미국산 셰일 가스가 개발되어 공급망이 다변화되긴 하였지만 경직적 공급계약 등 구조적 리스크는 아직도 많이 남아 있습니다.

3-1. 전기 수요 증가 현황

에너지 전환의 시대의 키워드는 전기와 재생에너지입니다. 먼저 전기 수요 증가에 대하여 살펴보겠습니다. 24년 전기 소비량은 전년 대비 4.3% 증가하였으며 이는 지난 10년 동안 가장 높은 수준입니다.

또한 지난 10여 년 간의 전기 소비율의 증가는 같은 기간 총에너지 수요 증가의 2배 수준인 점을 생각하면 우리는 이미 전기화의 시대에 들어와 있다고 말씀드릴 수 있습니다.

24년 전기 소비 증가량 1,100TWh는 지난 10년간 평균 전기 소비 증가량의 2배 이상입니다. 말 그대로 전기 없이는 살 수 없는 시대임을 보여 주는 통계라고 할 수 있습니다.

3-2. 전기 수요 증가 원인

이러한 대규모 전기 소비 증가를 견인하고 있는 분야는 어디일까요? 크게 세 가지를 말씀드릴 수 있습니다.

먼저 기후변화에 따른 냉난방 수요 증가입니다. 지구 온난화로 전 세계가 여름은 더 덥고 겨울은 더 추운 날씨를 보여 주고 있습니다. 이제는 에어컨 등의 전기 냉방을 넘어 히트펌프 등의 전기 난방이 보편화되고 있습니다. 작년도 전기 소비 증가량 중 이러한 냉난방 수요가 차지하는 비중이 17% 정도입니다.

둘째로는 AI용 데이터센터를 말씀드리지 않을 수 없습니다. AI는 인류에게 새로운 미래를 가져다 줄 것이라고 합니다. 하지만 AI를 가능하게 하는 데이터센터는 새로운 전기 폭식자가 되고 있습니다. 이 분야가 차지하는 전기 소비 증가량은 전체 증가량의 14%입니다.

세 번째로는 탈탄소화에 따라서 기존 화석 연료를 활용하던 엔진을 대신하여 전기로 추진하는 전기차, 전동기 등이 대세가 되고 있습니다. 전기차, 전동기 등의 전기 소비 증가량이 전체 증가량의 12%를 차지하고 있습니다.

3-3. 그리드 연결

전기를 안정적으로 공급하기 위해서는 폭발하는 수요에 맞춰 발전소를 증설하는 것 못지않게 안정적인 그리드 연결의 중요성이 더욱 커져가고 있습니다.

재생에너지의 비중이 10년 전보다 2.4배 이상 높아지면서 그리드 연결용 전기 공급 설비에 대한 수요도 기하급수적으로 늘어나고 있습니다. 재생에너지 전기의 간헐성이라는 특징 때문에 더 많은 그리드가 필요하기 때문입니다.

제가 얼마 전까지 근무했던 HD현대일렉트릭에 대해서 잠깐 말씀드리면, 이 회사는 초고압 변압기 전문 제조사입니다. 2021년까지는 세계 시장의 불황으로 어려움을 겪었습니다만, 22년 이후 미국 시장을 시작으로 역대급의 호황기에 접어들었습니다. 전 세계적 수요 폭발로 미국과 유럽은 현재 28년 납기 물량은 주문이 끝나고 29년 이후 물량의 주문을 받고 있으며 변압기 단가도 지속적으로 상승하고 있습니다. 고객들은 높은 가격을 감수하고라도 빠른 납기를 희망하고 있습니다. 그만큼 그리드 연결이 중요해졌다는 의미가 될 것입니다.

24년 미국의 그리드 대기 물량은 약 2,600GW이며 이 중 95%가 무탄소 전원입니다. 이제는 발전소에서 전기를 생산하는 것을 뛰어넘어 그리드 안정성이 새로운 에너지 안보의 한 축이 되었습니다.

4. 희소 광물 자원의 확보

다음으로 말씀드릴 것은, 희소 광물 자원의 안정적 확보입니다. 여기서 예를 들고 있는 구리는 변압기나 발전기 등의 핵심 소재이고 리튬과 니켈은 전기 저장 장치인 배터리의 핵심 소재입니다. 또한 희토류는 자석류의 필수품이라 전기화 시대에 없어서는 안 될 소재입니다.

구리, 리튬, 니켈, 희토류 등의 생산 국가는 어느 정도 산포가 있습니다만, 정제는 특정 국가가 대부분을 하고 있습니다. 특히 희토류는 생산과 정제 모두 중국이 90% 이상을 차지합니다. 이러한 광물 자원을 안정적으로 확보하는 것이 대단히 중요한 시점입니다.

얼마 전 열렸던 금년도 G7에서도 희소 광물 자원 공급 안정성 확보를 위한 액션플랜에 합의한 바 있습니다. 이번 APEC에서도 이 분야에서의 협력 방안이 도출되기를 기대합니다.

5. 디지털 전환

마지막으로 디지털 전환입니다. 화석 연료 시대는 전기의 중앙집중형 공급 형태입니다. 석탄, 가스 등을 연료로 하는 대형 발전소를 확보하여 전기를 공급해 왔습니다. 하지만 재생에너지 전기는 특성상 발전이 간헐적일 수밖에 없습니다. 또한 분산형 전원이기도 합니다.

이러한 상황에서는 전기 시장의 유연성이 있어야 합니다. 요금 제도, 효율, 피크 조절 등의 수요 관리가 필수적이고 여기에 디지털 기술이 접목돼야 합니다. 예전에는 전기 수요가 많은 여름과 겨울의 수요에 맞춰 전기를 공급하는 대책이 필요했다면 이제는 여기에 더하여 봄, 가을 전기 공급이 수요보다 많은 것을 대비하여 출력 제어 등 여러 가지 시책이 필요한 시대입니다.

6. APEC과 에너지 안보

새로운 에너지 안보는 단일 국가의 노력만으로 이루어지기 어렵고 국가 간 협력이 필수적이라는 점을 다시 한번 말씀드립니다. 광물의 안정적 공급을 위한 공동 대응, 국가 간 전력망 연계, 수소와 천연가스 분야 협력 등 APEC 회원국들이 공동으로 노력할 분야는 무궁무진합니다. 이번 경주 APEC 정상회의가 에너지 안보 분야에서도 가시적 성과를 낼 수 있기를 기대하면서 제 말씀을 마치겠습니다.

하모나이저
조화는 어떻게 조직의 문화를 변화시키는가

초판 1쇄 발행 2025년 12월 3일

지은이 조석
펴낸이 김현종
기획총괄 배소라 **출판본부장** 안형태
편집 최세정 진용주 황정원 김수진 장진경 안선희
디자인 조주희 김연주 **마케팅** 김예리 신잉걸
방송사업·미래전략본부 정태준 문상철 이주리 백범선 남궁주철

펴낸곳 (주)메디치미디어
출판등록 2008년 8월 20일 제300-2008-76호
주소 서울특별시 중구 중림로7길 4
전화 02-735-3308 **팩스** 02-735-3309
이메일 medici@medicimedia.co.kr **홈페이지** medicimedia.co.kr
페이스북 medicimedia **인스타그램** medicimedia
유튜브 medici_media

ISBN 979-11-5706-494-6 (03320)

이 책에 실린 글과 이미지의 무단 전재·복제를 금합니다.
이 책 내용의 전부 또는 일부를 재사용하려면 반드시 출판사의 동의를 받아야 합니다.
파본은 구입처에서 교환해 드립니다.